**Search**
你們求,必要給你們;
你們找,就必找到;
你們敲,必要給你們開。

# 復活節的意義

耶穌十字架的勝利

艾乃易神父 著

# CONTENTS

推薦序一 基督的面容顯示天主的光榮／黃清富神父 007

推薦序二 仰望基督光榮的苦難／曾慶導神父 013

推薦序三 我們的得救是在於基督光榮的苦難／宮高德神父 017

作者前言 021

1 ── 入靜 023

2 ── 上主僕人的詩歌 035

3 ── 伯達尼晚宴 049

4 ─── 耶穌榮進耶路撒冷 061

5 ─── 死在地裡而結許多果實的麥粒 069

6 ─── 至悲慘而光榮的死亡 083

7 ─── 最後晚餐 097

・耶穌建立聖體聖事 098
・耶穌給宗徒們洗腳 110
・猶達斯的出賣 119
・彼此相愛的新命令 127

# CONTENTS

## 8 ── 愛子的祈禱 141

## 9 ── 聖週五：耶穌光榮的苦難 159

- 耶穌與比拉多之間的對話 160
- 聖母瑪利亞同受苦的奧祕 167
- 耶穌渴的呼喊 174
- 耶穌的肋旁被刺透 180

## 10 ── 聖週六：聖墓的奧蹟 191

## 11 ── 復活主日：耶穌光榮的復活 213

- 耶穌顯現給瑪利亞瑪達肋納 216
- 耶穌顯現給厄瑪烏的兩位門徒 220
- 耶穌顯現給宗徒們 224

結語 233

**推薦序一** 基督的面容顯示天主的光榮

# 推薦序一
# 基督的面容顯示天主的光榮

黃清富神父

看聖書一直以來是基督徒追求成全、成聖生活的傳統而又重要的方法之一。他們在天主聖神的光照下，通過閱讀聖書，對信仰更加深入瞭解，對真理更加深入領悟，增進自己和天主的關係，提升自己的信仰素質。所以一些獲得恩賜的天主的僕人們，會把從天主所領受的光照，或者是生活信仰經驗筆之於書來榮主益人。讀者您手中的這本書，就是天主忠信的僕人艾乃易神父的傑作，也可以稱作心靈之作，讀者您讀完這本書就會和我有同樣的感受。可謂是字字珠璣，句句經典。

《復活節的意義》一書，共有十一章，正如作者艾神父自己在作者前言裡面

介紹的，是在聖週內給一個團體的避靜內容，這就開宗明義的指出此書的題材和內容了。在第一章裡面，神父引導參與避靜者如何準備自己更好的參與避靜。為不常參與避靜的人也是一個入門，瞭解避靜是什麼。可以提醒我們日常生活的目標是不是天主，對沒有參與過避靜的人也是一個入門，瞭解避靜是什麼。第二章神父提及《聖經‧舊約》中，關於受苦默西亞的預言，「上主受苦僕人的詩歌」《依撒意亞先知書》50：5－7，53：10－12）。依撒意亞先知的這兩段預言，可以說是舊約裡面對主耶穌苦難最直接、最形象的描述。作者結合新約對這段經文的引用，和教會聖人們的一些教導，幫助我們對天主在舊約啟示的默西亞苦難的認識和反省，更加明白：新約隱藏在舊約裡面，舊約顯示在新約之中，以及新舊約的一體性和唯一核心：基督的救世。

第三章談到伯達尼晚宴，這是主所愛的一家人：瑪爾大、瑪利亞和拉匝祿——為主耶穌的感恩宴席，因為主耶穌復活了已經死了四天的拉匝祿。在這裡特別提到主耶穌的宣告：我就是復活，就是生命。以及晚餐中瑪利亞的感恩行動，彌撒後的謝聖體就如同愛的感恩行動，特別貼切。

第四章談及主耶穌光榮進入耶路撒冷，在這裡，主耶穌開始祂的逾越奧蹟，

**推薦序一** 　　基督的面容顯示天主的光榮

耶路撒冷民眾用歡呼君王的方式來歡迎主耶穌，這也是主耶穌唯一一次以君王的身分接受群眾的擁戴。祂接受群眾的熱情，但是更深處是對天父的旨意完全服從。因為祂不但知道在耶路撒冷祂會遇到什麼，也知道這些歡迎高呼的人，也將是吶喊要釘死祂的人，第五章提到結百倍的果實，是從希臘人渴望看見祂本人切入。我們要渴望真理，也要尋找真理。第六章提到主耶穌至悲慘而光榮的死亡，綜合性的反省主耶穌在不同時刻關於苦難的教導及其意義。

第七章是篇幅最長的一章，包括建立聖體聖事，給門徒洗腳，猶達斯的出賣，彼此相愛的命令，每個救恩事件，都是深含奧義，仔細閱讀，此段內容格外豐富，講解透徹。

第八章講關於愛子的祈禱，傳統上稱之為大司祭的祈禱，不僅僅是關於祈禱的一篇優美的講解，更是對主耶穌內心熾熱愛火的感同身受反省。

第九章是本書的核心部分，分四個部分來詳述：主耶穌和比拉多的對話，主耶穌的母親瑪利亞同受苦的奧祕，主耶穌在十字架上呼喊「我渴」，以及主耶穌愛到底的愛，不僅為我被釘死，也把心交出被刺透。第十章講聖墓的奧蹟，這是很少人反省的部分，但是作者的靈修講解，會讓我們發現聖墓的寶藏。第十一章

## 復活節的意義

就是光榮的復活，我們信仰的最核心的部分，作者分別提到主耶穌顯現給瑪利亞瑪達肋納，顯現給兩位門徒，顯現給宗徒們。最後就是一篇結語，總結更是諄諄教導。

一個基督徒想知道天主多愛我們，就必須瞭解主耶穌光榮的苦難，瞭解天主愛的犧牲。而且瞭解主耶穌的犧牲，在愛和復活中去認識，就不會逃避十字架，主耶穌的光榮苦難，轉變了苦難和罪攪合在一起所帶來的災難，我們不是歌頌罪惡和苦毒的苦難，我們是歌頌天父的愛通過主耶穌的苦難所成就的救贖，更根本的是基督的苦難彰顯天主的愛和得勝的光榮。我們就會記得保祿宗徒說的「基督的面上閃耀著天主的光榮」。從受苦的僕人到光榮的聖子，唯一的救主對我們發出愛的邀請──背起自己的十字架跟隨祂。我們在祂的光榮苦難得到力量，也找到真理，發現道路，獲得永生。

祈願仁慈天主祝福讀者通過閱讀這本聖書，作者艾神父的精心之作，燃起愛主熱情。基督為我有意義的死亡，我為基督有價值的生活。阿門！

二〇二五禧年

**推薦序一** 　　基督的面容顯示天主的光榮

黃清富神父推薦

本文作者：黃清富神父，現任臺中教區副主教。一九八四年晉鐸。曾擔任天主教臺灣總修院院長。

## 推薦序二 仰望基督光榮的苦難

曾慶導神父

聖週在天主教禮儀年裡是復活節前的四十天（四旬期）的最後一週。聖週的禮儀是一年禮儀生活的高峰，特別紀念耶穌在現世生活最後幾天所完成的救贖奧蹟，從祂榮進耶路撒冷，直到祂的苦難、聖死和光榮復活。

很多堂區、教友都會在復活節前的四旬期做一次避靜。避靜是基督徒暫時放下日常生活所做的事，與耶穌獨處，祈禱反省，特別在面對世俗的價值觀對信仰的價值觀產生衝擊時，在寧靜平和的環境裡，專注身、心、靈在信仰的建造，為能更認識自己，也更認識天主，回復和天主的親密的關係。

不論是身體、精神、情感各方面，每一個人的生命都是有很多痛苦的「涕泣

## 復活節的意義

「人生如苦海」。受苦是人類共通的經驗。但為什麼會受苦？受苦有什麼意義」，或說之谷？受苦有沒有救贖？天主子耶穌基督為什麼要在十字架上受苦？

耶穌為所有的基督徒立下了為愛而受苦的榜樣：「他雖具有天主的形體，並沒有以自己與天主同等，為應把持不捨的，卻使自己空虛，取了奴僕的形體，與人相似，形狀也一見如人；他貶抑自己，聽命至死，且死在十字架上。」（《斐理伯人書》2：6–8）

耶穌是天主除免世罪的羔羊。「一粒麥子如果不落在地裡死了，仍只是一粒，如果死了，才結出許多子粒來。」（《若望福音》12：24）在梵蒂岡第二次大公會議《禮儀憲章》中，我們讀到這樣的耶穌：「特別藉其光榮的苦難，從死者中復活，光榮升天的逾越奧蹟，他『以聖死摧毀了我們的死亡，並以復活恢復了我們的生命』。」耶穌是那顆落地死了的麥子。這是何等的逾越奧蹟！

主耶穌如何做，耶穌的門徒應該效法。事實上，基督徒的犧牲是做耶穌門徒不可少的重要條件：「誰若願意跟隨我，該棄絕自己，天天背著自己的十字架跟隨我。因為，誰願救自己的性命，必要喪失性命；但誰若為我的緣故，喪失自己的性命，這人必能救得性命。」（《路加福音》9：23–24）

014

## 推薦序二　仰望基督光榮的苦難

艾乃易神父的這本《復活節的意義》，如他說的，正是「要幫助我們默觀耶穌的逾越奧蹟，希望它有助我們大家對此奧蹟更深入的認識，並更加渴望參與此神聖奧蹟。」

「參與此神聖奧蹟」，以我的理解，就是我們自己跟隨耶穌，走「從痛苦到光榮」的人生路。但「光榮的苦難」這看起來頗艱深的神學論題，在艾神父的筆下卻成了為所有人可讀性都非常高的佳作。的確，這書包含一些神學——很多是艾神父從他的牧民經驗中，也是教友常提出的信仰問題，所引出的議題。但艾神父的論述，給「神學」（定義為「信仰尋求理解」）一個很鮮活的例子。他深入淺出的反省和論述，使這本書真的可以說是一座「小寶山」，裡面可以找到很多珍貴的神學反省，很能幫助我們默想理解我們信仰中重要的道理，也讓我們準備好答覆別人的詢問。

但這本書不但幫助我們做神學反省，也給我們很多非常合適的靈修啟發——按照艾神父的意願，我想，就是幫助我們走不容易走的「成聖之路」。但正如「光榮的苦難」的弔詭，我們很多時候覺得不容易或不願意的成聖之路，也正是我們每個人在天主恩寵助佑下其實都可以走的，得真正持久的喜樂平安之路。

**復活節的意義**

艾神父根據聖經和教會傳統教導作反省寫成的這本書，是今天不常見但很需要的一本神學／靈修書。他的道理平衡、健全、圓融，讓我們覺得一本好書真的是可以讓人百吃不厭的精神食糧。

本文作者：曾慶導神父，現任輔仁聖博敏神學院教授。

## 推薦序三 我們的得救是在於基督光榮的苦難

宮高德神父

本書的內容是聖週的數篇避靜道理合輯而成，帶領我們懷著信心和虔誠，來紀念我們得救的史實，並立定志向追隨主基督的腳步，同祂一起背負十字架，以求分享祂的復活和生命，完成我們的得救。

在第一章入靜道理中，開宗明義地提及，我們為了生活在天主的光明和愛內，就需要不斷死於我們的自私、驕傲與各種慾望，「因為祂死，是死於罪惡，僅僅一次；祂活，是活於天主」，聖保祿宗徒在《羅馬人書》第十章裡如是說，就是為教導我們基督徒生活，要確實的「死於罪惡，活於天主」，才能與耶穌一起回到天父那裡去。

## 復活節的意義

在這幾天避靜的時間裡，無論在默禱、在聖體前，都要祈求聖神的帶領，要真實的參與耶穌的逾越奧蹟，從耶穌的苦難、進入死亡、再到光榮復活，要按部就班的循序漸進，才能使我們緊緊跟隨耶穌，並與耶穌一起奉獻自己的生命，進入天主的國度。

第二章是論述「上主僕人的詩歌」，這是《舊約》中耶穌救世奧蹟的預報，在《依撒意亞先知書》中詠唱了四首詩歌，本書直接找出第三首：「吾主上主開啟了我的耳朵，我並沒有違抗，也沒有退避。我將我的背轉給打擊我的人，把我的腮轉給扯我鬍鬚的人；對於侮辱和唾汙，我沒有遮掩我的面。因為吾主上主協助我，因此我不以為羞恥，所以我板著臉，像一塊燧石，因我知道我不會受恥辱。」接著分節敘述。

耶穌的救贖行動就是「接受天父對祂愛的要求」，表達出來的基本態度是「愛的服從」，因而拯救了陷於悖逆中的人類，這是逾越奧蹟的基本面向，因此聖保祿宗徒提示我們說，正如因一人的悖逆，大眾都成了罪人；同樣，因一人的服從，大眾都成了義人。又說，他貶抑自己，聽命至死，且死在十字架上。

在耶穌心中，總有一份積極的對愛的渴望，尋求父所喜悅的事，這服從建基

018

**推薦序三**　我們的得救是在於基督光榮的苦難

於神貧之上，因此《斐理伯人書》上說：「祂使自己空虛，取了奴僕的形體，與人相似，形狀也一見如人；祂貶抑自己，聽命至死，且死在十字架上。」這份積極的愛已由耶穌付出了珍貴的代價，所帶來苦難、死亡、復活，對我們眾人的得救非常關鍵，在《路加福音》上，耶穌說：「我來是為把火投在地上，我是多麼切望它已經燃燒起來！我有一種應受的洗禮，我是如何焦急，直到它得以完成！」參與耶穌的苦難，不是一件容易的事，而是信德的考驗，人性的軟弱只有在基督的愛內，才會受到鼓舞而堅強起來。

耶穌在十字架上犧牲了生命，做了贖罪祭，為我們賺得了救恩，使我們的子孫延年益壽，耶穌是天人的中保，是聖父與罪人之間的中保，祂是人又是神，兩性一位的耶穌，自然能擔當起天人之間的橋樑，代替全人類把自己奉獻出來做贖罪祭，耶穌的死亡與我們的救贖，就有了密切的連結。

我們的理智要明白，天主的救世計畫，是藉著耶穌的手得以實現，在祂受盡了痛苦之後，祂要復活起來看見光明，並因自己的經歷而實踐了天主的旨意，上主正義的僕人要使多人成義，因為祂承擔了他們的罪過。

本書豐富的內容，會使閱讀的人獲益匪淺，會在靈修上突飛猛進，增強信望

## 復活節的意義

愛三德,堅定信心而能對信仰做最好的見證。很樂意為之序。

二〇二五年一月十六日於台南教區主教辦事處

本文作者:宮高德神父,現為臺南主教代表暨公署署長。

**作者前言**

主內敬愛的兄弟姐妹：

我曾給某個修會團體講聖週的避靜；之後，有人願意把道理的內容整理出來，好能提供給更多的人閱讀。我很樂意促成此事，經過不少潤飾修改後，這本小書如今問世了。在此，我非常感謝參與編輯這本小書以及為我祈禱的所有兄弟姐妹。我也特別感謝我已故的神學老師，因為這些道理的主要內容都是來自他生前的諄諄教誨。

雖然作了許多修改，但內容仍然以避靜道理的形式呈現，過於口語化和重複之處，敬請讀者諒解。

我願意將這本小書獻給所有願意完全跟隨耶穌並渴望成聖的弟兄姐妹。雖然

**復活節的意義**

當初是給一些修女們講避靜，但大部分的內容都適合所有的基督徒閱讀。這本小書不免包含一些神學，但請讀者不要把它當作一本神學書籍，而是將它視之為默觀耶穌逾越奧蹟的材料。希望它有助於大家對此奧祕更深入的認識，並更加渴望參與此神聖奧蹟。

# 1 ── 入靜

## 復活節的意義

這節入靜道理是為幫助大家以天主的眼光來看這幾天的避靜,並打開心門,盡可能地領受聖神所願意賜給我們的恩寵。

避靜的目的是什麼?是為幫助我們重新發現或更深入發現天主聖三如何注視我們,使我們能更好地回應祂的旨意與召叫。雖然我們每天都努力尋找天主的旨意,認識祂、認識我們自己,但我們知道這是一輩子的事,而且在我們的日常生活中,免不了需要做一些比較外在的事,所以有時會分心。因此避靜應該幫助我們重新審視我們存在的意義與目的、修會聖召的意義和基督徒生活的意義。

為什麼我們要強調尋找真理,而不是按照我們所想的去生活呢?因為在光中生活很不容易,請勿以為這是理所當然的事,以為只要是在修會團體裡,就理所當然天天尋找真理。尋找真理和聽課完全是兩回事:有些人一輩子聽課而從不尋求真理,有些人很少聽課卻天天追求真理。

尋找真理是心靈深處、意志上的一份渴望,是理智和意志的努力,一輩子尋找真理的要求非常高。眾所周知,理智的懶惰是一個很深的誘惑,鍛鍊理智比鍛煉身體更為不易!因此,喚醒理智、真正地尋找真理一點也不容易。我們很容易自以為是,然後按照自己所懂的去度一個比較隨意的生活。

# 1 ── 入靜

為什麼需要不斷尋找真理？因為我們應該一輩子繼續追尋天主的奧祕，在哲學方面已是如此；我們可以一直越來越加深對自己的認識：我是誰？我是什麼？而在信仰方面更是如此。面對天主的奧祕、天主對我們愛的計畫、愛的旨意，這是一輩子不可能完全瞭解的。所以我們每次做避靜，首先應該喚醒這種意識，需要再次喚醒我們對光的渴望，擺脫各種懶惰和自滿自足的心態，重新開始尋找光明。在世界上，尋找光明是為了來日能達到圓滿的光明──榮福直觀。因此可以說避靜的目的就是幫助我們重新走上榮福直觀的道路。

避靜首先是為了我們自己，聖多瑪斯論及愛德時，提出愛德有一次序：第一是愛天主，第二是愛自己。當然，在此所說的愛自己並非本性上的自私，而是如同耶穌愛我那樣愛自己。所以我們做避靜首先是為了自己，同時也是為了全教會及全人類。通過我們這幾天的祈禱和努力，藉由諸聖相通功的奧蹟，我們希望可以幫助教會及全人類重新走上榮福直觀的道路。

「榮福直觀」是神學的表達方式，聖經中的某些章節特別有助於我們理解它。首先是耶穌自己說的：「永生就是：認識你，唯一的真天主，和你所派遣來的耶穌基督」（《若望福音》17：3）。聖經中的「認識」不只是理智上的認識，

並且是在愛中的認識，因為天主是愛。《若望一書》清楚寫道：「那不愛的，也不認識天主，因為天主是愛」（《若望一書》4：8），所以永生就是在天主的愛內認識天主。另兩處：「可愛的諸位，現在我們是天主的子女，但我們將來如何，還沒有顯明；可是我們知道：一顯明了，我們必要相似祂，因為我們要看見祂實在怎樣。」（《若望一書》3：2）；「我們現在是藉著鏡子觀看，模糊不清，到那時，就要面對面的觀看了。」（《格林多人前書》13：12）不少章節都用「觀看」和「認識」來表達永生，基本上，永生就是對天主的愛的認識，在天主聖三的愛內，永恆地默觀祂。

但《聖若望一書》另有一句很重要的話：「我們將所見所聞的傳報給你們，為使你們也同我們相通；原來我們是同父和祂的子耶穌基督相通的。我們給你們寫這些事，是為叫我們的喜樂得以圓滿」（《若望一書》1：3-4），「相通」的希臘原文是 *koinonia*：「我們的 *koinonia* 是同父和祂的子耶穌基督」 *koinonia* 意指「共融」。所以這句話可以如此表達：我給你們寫信，為使你們進入我們的共融裡，而我們是在父和祂的子耶穌基督的共融裡。若望邀請我們進入聖教會的共融中，而聖教會的共融就是天主聖三的共融，我們每個人在聖神的引導下、與耶

# 1 —— 入靜

穌一起愛天父，並以天主的愛彼此相愛，結果就是我們彼此相通。在現世已是如此，至少我們渴望這樣的生活，我們追求真正的基督徒生活，而在天上，永生將是在圓滿的光明中，我們與天主聖三彼此間的圓滿共融。

因此，避靜的主要目的在於重下決心，時刻為這個目標而努力。當然理論上我們都非常清楚，但實際上要時常生活在光明中絲毫也不容易；同樣，在一切事上朝向榮福直觀、朝向永生的目標也是不容易的。人經常會浪費時間，不在目標下生活，不再祈求聖神充滿我們的心、光照我們的靈魂、把我們帶到天主那裡去，而是回到自己的本性欲望、計畫、效率、喜好裡⋯⋯。

成聖就是天天在聖神的引導下生活，換言之，常常死於自我，能在聖神的引導下，成為基督第二。曾有一位獨修士在他的住所前立了一塊牌子，上面寫著：「更多的你，更少的我」。這句話非常有意思，靈修生活的基本精神即是如此：越來越沒有我，越來越只有你。當然，我們知道越來越只有祂乃是實現自我的最好辦法。我越成為耶穌，也就越是我自己，因為耶穌最愛我、最瞭解我，所以要成為真正的自己，唯一的辦法就是成為耶穌，讓耶穌在我內生活。

換句話說，每次做避靜便是重新面對我們生命的目的，這也包含需要重新面

## 復活節的意義

對我們的死亡。以前傳統的避靜總是會提及關於死亡的道理，我想這是因為我們雖然都聽過這些老道理，也都知道理論，但如果我們認真去思考這些事，就能格外幫助我們活在真理中、認真地度我們的基督徒生活及修會生活。

我在初學時，曾聽到一位老師很嚴肅地說：「不要繼續辦家家酒。」意即我們不能繼續如同幼稚的小孩那樣過日子，這就是修會生活時而會有的問題。因為我們不需賺錢就可以天天吃飽，所以自然而然「感謝天主！」然而社會上的人知道什麼叫生活，因為他需要為了每天的生活而工作。至於我們（修道人），則有可能成為被寵壞的小孩，這是修會生活的一個危險：不需要負責任，只要每天坐著聽課、吃飯、祈禱即可。故此，我想避靜應該幫助我們重新嚴肅地面對我們的人生，但並非害怕、焦慮，而是與耶穌、聖母一起認真面對「我是誰」，因為我們不會永遠活在現世。

讓我們不要浪費時間！每當我所做的與永生無關時，便是浪費時間。如何知道我們所做的是否與永生有關係？首先是意向的問題，我做這件事是為了什麼，是為光榮天主、為得永生、為幫助別人得永生，還是為了完成我的任務、計畫、

028

# 1 ── 入靜

效率、欲望、給我某種成就感，或是為了自我保護、為了做我喜歡做的事⋯⋯？因此，所謂的不浪費時間，重點顯然不在於具體做了什麼，而是如何做。我們有可能在默禱中浪費許多時間，我們可以一整天跪在聖體前浪費時間，卻也可以一整天為團體服務、洗菜、做飯、洗碗而不浪費時間，且真實地準備自己進入永生、榮福直觀──因為準備我們進入榮福直觀的首先是愛德。

有些聖人把每天當做生命的最後一天，我們甚至可以說把每一時刻當做是最後一刻。《師主篇》①有一處說道，你渴望耶穌來接你時你是怎樣的狀態，那麼此時此刻你就要這樣。據說有一次小道明在與同伴打球時，彼此分享倘若耶穌此刻要回來，他們各自要做什麼。他的回答是會繼續打球，而不會因害怕、趕緊去祈禱。因為他無論做什麼都隨時準備好。他總是跟耶穌在一起。每時每刻如同是最後一刻，並不等於二十四小時拜聖體，而是時時刻刻以最大的愛、最大的喜樂、最大的感恩和最大的信賴尋找真理，努力承行天主的旨意並祈求聖神引導我們承行父的旨意。願耶穌來接我們時，我們都處在這種狀態。

或許你們會覺得這是杞人憂天，但並非如此，因為在天主內、在天主的永恆中，我的死亡是現在的。在天主內沒有時間，沒有過去和未來，只有現在。天主

---

029　　1. *Inmitato Christo*。作者據信為德國隱修士耿稗思（Thomas Kempis, 1380–1471）。

## 復活節的意義

已經看到我的死亡，對祂而言已是現在的事。同樣，耶穌光榮地來臨在天主內是現在的事，對我們人來說還有時間；至於多長時間，我們不知道，但在天主的永恆中，耶穌是現在就光榮地回來。

故此，以這種心態來生活並非幻想，而是努力真正活在天主內、活在天主的光明中。若從哲學的角度看，我們就會說應該活在當下，不要幻想，不要生活在自己的想像中。這是哲學的基本實在的人而言不僅是活在當下，並且藉著當下活在永恆中。因為對我們來說，主要的事實就是天主，而天主是永恆的。所以，我們雖然仍在時間中，但藉由此時此刻發信德就會碰觸到永恆。

基督徒生活的實在性應在於真實地渴望等待耶穌的來臨。有一個默觀女修會每天在晚禱中會唱：「主耶穌，請來！」這樣做很好，只是唱這句話很容易，真實地期待耶穌來臨又是另一回事……為此，我們需要喚醒等待耶穌光榮來臨的喜樂。讓我們這幾天特別祈求耶穌和聖母使我們徹底悔改。

我記得過四十歲生日時，有人問我有什麼感受，我說那幾天一直想著《聖詠》九十四篇的一句話：「我四十年之久厭惡那一世代。」我反省自己過往人

# 1 —— 入靜

生,竟已經讓天主厭惡四十年之久,希望在餘生中,不要再讓祂厭惡了。我們真的不知道還有多少時間,但不論有幾天,我們都可以把它當做是最後幾天。不管我過去怎樣,只願我在這世上的最後日子能取悅祂,讓祂在我身上真正受到光榮。

就嚴格意思而言,只有耶穌知道如何光榮天父、如何做天父所喜悅的事,因此,我們應當總是回到這一點:基督徒生活的主要特色即是「基督在我內生活」。讓我們在避靜期間再次向耶穌說:「主耶穌,我全心渴望你在我內生活,因為你來接我時,如果你在我身上看不到你自己,你就肯定不要我了。你來接我時,你在我身上看到多少的你,那麼我就會永遠的真福就有多少;倘若在我身上只看到祂自己,我還是會永遠幸福,但我真福的器皿就很小,我身上只看到祂自己,那麼我就會永遠享祂為我所準備的真福。在這聖週中,祂在讓我們特別求受難的耶穌來到我們內生活;耶穌的逾越奧蹟是祂生命的高峰,所以我們的基督徒生活首先在於求耶穌在我們內活出祂的逾越奧蹟、祂在十字架上愛的自我奉獻、死亡與復活。

為了能常常生活在天主內,即生活在天主的光明和愛內,就需要不斷死於罪

## 復活節的意義

惡,死於我們的自私、驕傲和各種欲望。「因為祂死,是死於罪惡,僅僅一次;祂活,是活於天主」(《羅馬人書》6:10),我們的基督徒生活確實就是:死於罪惡,活於天主。這意謂與耶穌一起回到天父那裡去。

這幾天,讓我們首先在默禱中、在聖體前,祈求聖神帶領我們的逾越奧蹟(苦難、死亡與復活),使我們與耶穌一起奉獻自己的生命。為了與耶穌一起復活、開始新的生命,我們應該在默禱中特別求聖神使我們活出耶穌愛的犧牲、愛的奉獻。我在此想強調一點:雖然從歷史的角度來看,基督的苦難與復活是過去的事,但在信德中我們知道「基督本身的一切──祂為全人類所做和所受的苦──都分享了天主的永恆,超越萬世,臨現人間」(《天主教教理》1085)。因此,逾越奧蹟以某種我們不完全明白的方式,臨在於當下;這意味著我們在聖週中不僅紀念過去的一個事件,我們更是參與此時此刻存在於天主內的逾越奧蹟,我們願意與耶穌一起活出祂苦難與復活的奧蹟。

當然這幾天的禮儀也會幫助我們,但不可只停留在禮儀上,意即把整個注意力都放在其上,此乃禮儀的一個危險。禮儀是外在的一些象徵性動作,並非目的,它的目的在於幫助我們進入耶穌的奧祕。因此,我們要善用禮儀,而非被禮

## 1 —— 入靜

儀所捆綁。同時，我們也需要與天主在這幾天所願意賜給我們的恩寵合作。藉著默禱、彌撒禮儀等，天主願意給予我們逾越節的恩寵，但也需要我們努力配合。

在避靜中，我們也透過禮儀與神聖誦讀（lectio divina）努力聆聽天主聖言，而道理課是為了幫助我們更好地聆聽天主的話，以便思考、默想有關耶穌的苦難、逾越奧蹟的啟示，這屬於我們的合作。但無論如何，我們的主要目的是徹底悔改、與十字架上的耶穌一起回到父那裡去。讓我們祈求耶穌在我們內活出祂的逾越奧蹟，並真實地準備自己面見天主。

# 2 ── 上主僕人的詩歌

## 復活節的意義

為了進入耶穌的苦難奧蹟中，我們首先要看《舊約》裡有關耶穌的苦難、救世奧蹟的預報，即《依撒意亞先知書》「上主僕人」的詩歌。我們直接看第三首：

「吾主上主開啟了我的耳朵，我並沒有違抗，也沒有退避。我將我的背轉給打擊我的人，把我的腮轉給扯我鬍鬚的人；對於侮辱和唾汙，我沒有遮掩我的面。因為吾主上主協助我，因此我不以為羞恥；所以我板著臉，像一塊燧石，因我知道我不會受恥辱」（《依撒意亞先知書》50：5－7），我們要以從耶穌的口中發出這些話語的方式來瞭解它們。

第五節：「吾主上主開啟了我的耳朵，我並沒有違抗，也沒有退避」。在此耶穌對我們說，祂以一種絕對柔順的服從聆聽天父對祂愛的要求。耶穌在逾越奧蹟中的基本態度就是愛的服從。聖保祿說過：「正如因一人的悖逆，大眾都成了罪人；同樣，因一人的服從，大眾都成了義人」（《羅馬人書》5：19），以及祂「聽命至死，且死在十字架上」（《斐理伯人書》2：8）。基督因著祂愛的服從而拯救了陷於背逆中的人類：這是逾越奧蹟的基本面向。耶穌在福音中的這句話：我常作祂所喜悅的事（《若望福音》8：29），尤其能表達耶穌聖心在天父面前的基本態度、深邃的愛的態度。這句話告訴我們，在祂心中總是有這份非常積

## 2 ── 上主僕人的詩歌

極的愛之渴望,耶穌總是如同一個非常深愛自己父親的小孩那樣,積極尋求父所喜悅的事。如此的服從是建基在神貧之上:祂「使自己空虛,取了奴僕的形體,與人相似;形狀也一見如人;祂貶抑自己」(《斐理伯人書》2:7)。由於耶穌除了天父和祂愛的旨意之外,什麼也不追求,所以祂才能如此無條件地服從父。

我們在修會中的服從可能有不少時候偏向消極被動,如果長上不找我,我就不找他,如此我就可以繼續做我想做的事。在耶穌身上從未有這樣的事,正好相反,耶穌總是非常積極主動地尋找父的旨意。當你真正愛父時,就不會再有任何被動的態度,而是非常喜樂地主動尋找父的旨意,我們非常渴望做祂所喜悅的事。讓我們在避靜中祈求耶穌更新我們的神貧與服從,因為它們特別能使我們參與耶穌愛的自我犧牲。

「我沒有違抗也沒有退避」,這句舊約的預言有點消極、被強迫的感覺:既然天主這樣安排,我就接受。但在福音裡,耶穌表達得更為積極:「我來是為把火投在地上,我是多麼切望它已經燃燒起來!我有一種應受的洗禮,我是如何焦急,直到它得以完成」(《路加福音》12:49-50)。耶穌在祂的心中一直期待祂的苦難儘快來到,這對我們而言非常重要。雖然我們並不是為了痛苦而追求痛

037

## 復活節的意義

苦,耶穌也不是——這是毫無意義的——,但由於耶穌心裡有一份無限的愛之渴望、渴望將天父的愛火投在地上,並且祂知道這件事的苦難,所以祂那麼積極地要盡快完成這件事。然而我們是非常消極的,有不少時候我們一點都不積極參與耶穌的苦難。我們之所以會有這種態度,原因很簡單:因為我們不想受苦。受苦的目的是什麼?對耶穌而言,受苦乃是為把火投在地上。如果我們努力在信德、望德及愛德中認識這個目的,雖然還是會害怕,但是愛會促使我們願意積極參與耶穌的苦難,以各種方式與耶穌一起背十字架。

第六節:「我將我的背轉給打擊我的人,把我的腮轉給扯我鬍鬚的人;對於侮辱和唾汙,我沒有遮掩我的面。」第五節表達的是祂對天主愛的服從,第六節則是祂接受人在祂身上所做的事。天主藉由人來完成祂愛的計畫,而這成了我們的考驗所在:假使天父請你受苦,以分擔耶穌的苦難,你會很樂意;但問題是我們看不到天父,我們看到的是別人!這非常令人難受,因我們一點也不想接受別人所帶來的痛苦,這也是信德的考驗。

我們應該用信德來克服、超越這項考驗。活潑的信德確實能使你從讓你受苦的人身上看到天父的手、天父慈悲的面容。天父透過使你不舒服、讓你受苦

## 2 —— 上主僕人的詩歌

人,但其實是祂自己在以無限溫柔的愛來淨化你。這不是主觀的感覺,而是我們的信德,天主願意利用別人、甚至利用他們所犯的罪來讓我們分擔耶穌的苦難,也就是讓我們參與耶穌的救世工程。假如是一位非常和善、有智慧、有聖德的人請你做一件需要犧牲、且不容易的事,你會樂意接受;但倘若讓你受苦的是一個在你心目中沒有智慧、你所厭惡的人,你就難以接受這件事。然而我們就是要在這人身上看到天父的臨在,這即是最大的考驗。

教會聖師聖多瑪斯曾自問:那些迫害耶穌、把祂釘在十字架上的人是不是在聖神的引導下做這些事?他回答:不是,他們是在魔鬼的引導之下的。但是奧蹟就在於此,犯罪不是在天主的引導下,犯罪就是違反天主的旨意,但祂仍然能利用別人違反祂聖意的行為來聖化我,聖神利用那些人所犯的罪來完成救世工程。在我們的生活中,天主也利用別人犯的罪來聖化我。這是很奧妙的,我們的信德即在於此。

第七節:「因為吾主上主協助我,因此我不以為羞恥;所以我板著臉,像一塊燧石,因我知道我不會受恥辱。」這幾句話強調耶穌在人性上體會到深切的軟弱,祂在苦難中完全是依靠天父給祂的力量。「我板著臉像一塊燧石」,這句話並

## 復活節的意義

不是說耶穌心硬，而是指祂因著完全依恃天主的德能，而毫無所懼。天父給祂的是愛的力量，而非抵抗、拒絕別人的力量。

這裡涉及到剛毅之恩，殉道者的恩賜。聖多瑪斯認為聖神七恩[1]與愛德密不可分，聖神七恩是為了幫助我們活出愛德的各種面貌。因此，剛毅之恩是愛的一種力量，而非自我保護的態度。剛毅之恩使我們能以最大的愛與忍耐來接受各種痛苦考驗，但不是被動的忍耐，而是非常積極的愛的忍耐。在被釘十字架的耶穌身上，我們看到剛毅之恩的真相，它使耶穌能以最溫良的態度接受惡人所帶給祂的種種無法形容的痛苦。耶穌為了我們而樂意、積極、渴望接受這一切痛苦。

我們接著看第四首「上主僕人」的詩歌，「上主的旨意是要用苦難折磨他，當他犧牲了自己的性命，作了贖過祭時，他要看見他的後輩延年益壽，上主的旨意也藉他的手得以實現。在他受盡了痛苦之後，他要看見光明，並因自己的經歷而滿足；我正義的僕人要使多人成義，因為他承擔了他們的罪過。為此，我把大眾賜與他作報酬，他獲得了無數的人作為獵物；因為他為了承擔大眾的罪過，作罪犯的中保，犧牲了自己的性命，至於死亡，被列於罪犯之中。」（《依撒意亞先知書》53：10-12）「上主的旨意是要用苦難來折磨他」。天父不只是容許耶穌受

---

1. 聖神七恩出自《依撒意亞先知書》11：2，包括智慧、聰敏、超見、剛毅、明達、孝愛和敬畏。

040

## 2 —— 上主僕人的詩歌

難,並且願意耶穌受難。此處蘊含著一個奧祕:惡人們是在魔鬼的引導下行事,但天父卻願意耶穌接受這些苦難。耶穌自己說過:「誰也不能奪去我的性命,而是我甘心情願捨掉它。」(《若望福音》10:18)

天父也願意我們與耶穌一起受苦,祂不只是容許,並且也願意。我們與耶穌的差別是我們並非全能的天主,我們不能說:「誰也不能奪去我的性命」,只有耶穌可以如是說。但我們能說的是:「我願意與耶穌一起受苦,因為這是父的旨意。」我不只是被動地接受,並且應該樂意與耶穌一起受苦。這為我們而言很困難,恐怕在不少時候,我們只是被動地承受,甚至逃避。我們應該成為積極樂意與耶穌一起受苦的真正基督徒。本篤十六世說過一句很值得我們存之於心的話:「願意付出愛的人準備好犧牲,甚至切願犧牲。」(《天主是愛》② 6)這在我們的奉獻生活中非常重要,如果我們真的熱愛耶穌和他人,就應主動積極尋找為耶穌、為兄弟姐妹做犧牲的機會。

「當他犧牲了自己的性命,做了贖過祭時,他要看見他的後輩延年益壽。」這裡涉及到耶穌逾越奧蹟的中心——耶穌的自我犧牲成為贖罪祭。在禮儀中,我們經常聽到相似的話,因而可能不再注重它的意義;此處有一個很大的疑問:

---

041　　2. 這是教宗本篤十六世於 2006 年 1 月發布的通諭,強調愛乃是基督信仰的核心。

## 復活節的意義

在耶穌犧牲自己的性命與做贖罪祭，兩者之間有何關聯？一個人故意死在十字架上與為我的罪做補贖有何聯繫？祂死在十字架上，我就得到罪赦嗎？當然，我們知道基本的答案是因耶穌是天主與世人之間的中保——這即是所謂的耶穌的司祭職：耶穌是聖父與罪人之間的中保。由於祂既是天主又是人，惟有祂可以這樣做，沒有任何人做得到，誰也無法說他替所有人犧牲自己。這正是為何天主子成為人，只有天主可以做這樣的事；正是因為耶穌是天主、同時又是天主子，所以祂能代替全人類奉獻自己作贖罪祭。故此，耶穌的死亡與我們的救恩有什麼關聯？這就是有關逾越奧蹟最關鍵的問題。

「上主的旨意也藉他的手得以實現。在他受盡了痛苦之後，他要看見光明，並因自己的經歷而滿足；我正義的僕人要使多人成義，因為他承擔了他們的罪過。」在耶穌的苦難中，耶穌所受的痛苦超越任何其他人。重點不在於耶穌受了多大、多長時間的痛苦。耶穌的苦難是從聖週四晚上到聖週五下午，然而有些人的苦難卻是長年累月的病苦。因此我們可能會覺得耶穌的痛苦很簡單，幾個小時就結束了。

我們不能如此看待這個問題，因為耶穌的身體比任何人的身體都更敏感，由

## 2 ─── 上主僕人的詩歌

於耶穌是最完美的人,所以祂受苦的強度比任何人都大。另一方面,這也涉及到耶穌的心靈:越愛別人,就越容易受苦──這是所謂的易受傷性。因為耶穌的心最愛天主、最愛世人,所以祂不只是在身體上受盡了苦,在靈魂上亦然。

真福艾曼麗修女[3]獲得了有關耶穌苦難的私人啟示後,寫下《耶穌基督受難與聖母痛苦》一書,而據我所知,電影《受難記:最後的激情》[4]便是按照這本書改編的,電影已經很恐怖了,但是有人認為書比電影還恐怖十倍!我們確實無法想像耶穌所受的痛苦。四部福音雖然都記載了耶穌受難的痛苦,但並沒有太多可怕的細節,而只是簡單地提及耶穌受鞭打、戴茨冠及被釘在十字架上。為什麼福音的描述沒有那麼可怕?我想是因為天主不願意我們把重心放在痛苦上,雖然我們需要明白耶穌確實受了非常人所能承受的痛苦,但這並不是救贖奧蹟的重點,重點是耶穌心中的愛意。

「我若能說人間的語言,和能說天使的語言,但我若沒有愛,我就成了個發聲的鑼,或發響的鈸。我若有先知之恩,又明白一切奧祕和各種知識;我若有全備的信心,甚至能移山;但我若沒有愛,我什麼也不算。我若把我所有的財產全施捨了,我若捨身投火被焚;但我若沒有愛,為我毫無益處。」(《格林多人前書》)

---

3. 1774–1824,德國修女,有神視恩寵。2004 年由教宗若望保祿二世宣福。
4. *The Passion of the Christ*,由梅爾・吉勃遜導演,耶穌由吉姆・卡維佐飾演。

## 復活節的意義

13：1—3）對耶穌而言亦然，以下是純屬假設：假使耶穌沒有愛，祂的苦難也一無所用。拯救我們的首先不是耶穌的痛苦，而是祂的愛。天主聖父不是暴君，非得讓耶穌受盡痛苦，祂才感到舒服。不，不是這樣的！祂首先悅納的是耶穌聖心的無限愛情。

耶穌的苦難乃是天主的愛利用痛苦來彰顯自己，所以「祂受盡了痛苦之後，祂要看見光明。」（《依撒意亞先知書》53：11）這句話應該是指耶穌的復活與光榮。其實耶穌在經歷可怕的痛苦時，按聖多瑪斯所言，祂仍一直都享有榮福直觀──即便祂說：「你為什麼捨棄了我？」（《瑪竇福音》27：46）這是一個我們無法完全瞭解的奧蹟：耶穌既體會到遠離天主的痛苦，同時又享有榮福直觀，「因自己的經歷而滿足。」

耶穌在祂的苦難中體會到最深的喜樂，因為愛德的第一個果實就是喜樂。在人性方面，我們什麼時候會感到快樂？當我們得到所喜歡的東西，或是與所喜愛的人在一起。喜樂是愛的果實：我想要什麼就得到什麼，因此我很喜樂。愛德總是很喜樂的，因為在愛德中，我們隨時都可與天主結合，這是基督徒的特權、特有的喜樂與幸福。儘管在考驗中、在痛苦中，我們隨時都可以在心靈深處說：

044

## 2 ── 上主僕人的詩歌

「主，我愛你，我願意愛你。」我們這樣想、這樣愛的時候，就已經與天主結合一起，所以在愛內總是有喜樂。

聖女小德蘭臨終前非常痛苦，一位修女跟她說：「你那麼痛苦，怎麼辦？」小德蘭回答說：「我還可以跟耶穌說，我愛祢，這為我就滿足了。」小德蘭深深地體會到只要她愛耶穌，她就會喜樂。我們都能明白神學上的這個理論，但我們需要求聖神幫助我們活出來。痛苦中的喜樂聽起來很美，然而真正要活出來實則不易。因此我們非常需要求耶穌使我們能越來越體會到：只要我愛耶穌，我就喜樂。

「我正義的僕人要使多人成義，因為他承擔了他們的罪過。」僕人的角色即是完成一項使命、一份工作。這涉及到耶穌苦難的一面：祂確實是天父的僕人，也是我們的僕人，因為祂完成了一個使命、一項工程──甚至可以說是人類歷史中最偉大的工程。為此，耶穌在斷氣之前說：「完成了。」

這處經文牽涉一個很重要的問題：受難的耶穌只是僕人嗎？當然不是，耶穌不管做什麼，祂首先是那永遠在父懷裡的愛子，祂是我們的朋友，我們的長兄。但在祂的苦難中，有僕人祂首先不是一個僕人，而是愛天父、愛我們的天主子。

045

## 復活節的意義

的一面。這幾天我們會再接著解釋耶穌完成了最偉大的工程。這也涉及到我們的生活：我們與耶穌受苦、參與耶穌的救世工程時，我們也是僕人——天主的僕人和別人的僕人。不過只有愛子才能做僕人：除非我們熱心地愛天父和愛他人，否則我們不會願意成為一個為別人受苦的僕人。

「我正義的僕人要使多人成義」，祂本身是正義的，也要讓別人成為正義的。在耶穌的苦難與我們的成義之間有何關係？這幾天我們會試著回答這個問題。「因為祂承擔了他們的罪過」：別人犯罪，而祂以各種方式來承擔後果。

「因為他為了承擔大眾的罪過，做罪犯的中保，犧牲了自己的性命，置於死亡。」祂是無辜的義人，祂來，是為代罪人承擔他們所犯的罪之後果，一直到死。由於罪惡主要的後果就是死亡，因此，這位無辜的、正義的僕人要以這種方式來贖回罪人。這件事乍聽之下似乎有一點道理，但若細想，卻又有些替罪羔羊的味道⋯⋯天主會做這樣的事嗎？天主是公義的，祂不會找一個人做替罪羔羊。因此我們需要更深入瞭解：為什麼耶穌的苦難和死亡能拯救罪人。

「被列於罪犯之中」：耶穌被釘十字架時，有兩個罪犯在其左右。如果你殉道的時候，只有你一個人，你會覺得有一點光榮。但如果你的兩側有兩個殺人犯

046

## 2 —— 上主僕人的詩歌

與你一起被判死罪,別人就會認為你也是一個殺人犯。耶穌就是如同罪人一樣地死去。可能有些殉道聖人死得很光榮,但也有一些聖人如同罪人般死得很不光榮,例如,聖女貞德即是如同女巫一樣被燒死。因此,倘若我們渴望誓死跟隨耶穌,就需要準備好被列於罪犯之中,這可能是最不容易的。

# 3 —— 伯達尼晚宴

## 復活節的意義

我們回顧前面看過的《依撒意亞先知書》中上主僕人的詩歌，即天主願意派遣祂正義的僕人藉由犧牲自己的性命，來救贖罪人。祂徹底服從，因祂全然地信賴天主、依靠天主的全能，祂曉得自己在天主手中，祂是以這種態度來完全圓滿地承行天主的旨意。祂完全接受這一痛苦，不僅是身體上的痛苦，且包含內心的痛苦——尤其是被視為罪人。這即是舊約的預言，雖然內容已經很豐富、重要，但並非十分清楚。

現在我們開始進入《若望福音》有關耶穌在世上的最後一星期。逾越節前六天，耶穌來到伯達尼（《若望福音》12：1）。逾越節具體的日期似乎不是很明確。但重點在於伯達尼晚宴與耶穌受難差不多間隔一個星期。這意味著什麼呢？如果說耶穌在世上有最後一星期，那麼教會也有在世上的最後一星期，因為她是耶穌的身體。因此，耶穌所活過的一切，教會也應以自己的方式活出來。這裡所謂的「一星期」當然不是指具體的七天，而是以象徵方式表達教會在此世的最後時期。梵蒂岡第二屆大公會議是否是教會在世上的最後一星期的開始？我們無法給出確切的答案，但面對教會和人類近幾十年所經歷的某些事、從未經歷過的事件，我們不得不把此問題存在心中。無論如何，耶穌光榮的來臨越來越迫近，

050

## 3 ── 伯達尼晚宴

我們應該隨時準備好。

此外，既然這裡有一個星期，那麼，可以說在聖經中有三個明顯的星期──天父的星期、子的星期和聖神的星期。天父的星期即是創世紀第一章以象徵方式所記載的：天主用一星期創造了萬物。在《若望福音》的開始，從若翰的作證到迦納婚宴，也是一個星期，即子的星期。而此處出現耶穌在世上的最後一星期，同時也是聖神的星期──即耶穌的受難和復活的星期，其高峰和目的就是聖神被賜給我們，因為《若望福音》記載「耶穌的肋旁被刺透的時候，血和水立時流出來。」（《若望福音》19：34），從耶穌肋旁流出的水，即是祂向撒瑪黎雅婦人所預許的活水（參照《若望福音》4），也是祂所說過的：「誰若渴，就到我這裡來喝罷！從他的心中要流出活水的江河，他說這話是指信仰他的人將要領受的聖神。」（《若望福音》7：37-39）福音清楚地說明活水就是聖神，因此第十九章記載，從耶穌被刺透的肋旁所流出來的水，象徵為我們被釘死在十字架上的耶穌所賜給我們的聖母。為我們而言，這即是聖週最深的目的：效仿佇立在十字架下的聖母，從耶穌洞開的肋旁汲取活水、領受聖神。這幾天我們特別紀念耶穌的苦難，但耶穌的苦難本身並不是目的，目的在於賜給我們活水、聖神，以充滿我們

## 復活節的意義

的心，並使我們與耶穌一起復活，成為新受造物。

耶穌的最後一星期是從伯達尼晚宴開始：

逾越節前六天，耶穌來到伯達尼，這是耶穌從死者中喚醒拉匝祿的地方，有人在那裡為祂擺設了晚宴，瑪爾大伺候，而拉匝祿也是和耶穌一起坐席的一位。那時，瑪利亞①拿了一斤極珍貴的「拿爾多」香液，敷抹了耶穌的腳，並用自己的頭髮擦乾，屋裡便充滿了香液的氣味。那要負賣耶穌的依斯加略猶達斯——即他的一個門徒——便說：「為什麼不把這香液去賣三百塊『德納』，施捨給窮人呢？」他說這話，並不是因為他關心窮人，只因為他是個賊，掌管錢囊，常偷取其中所存放的。耶穌就說：「由她罷！這原是她為我安葬之日而保存的。你們常有窮人和你們在一起；至於我，你們卻不常有。」有許多猶太人聽說耶穌在那裡，就來了，不但是為耶穌，也是為看祂從死者中所喚起的拉匝祿。為此，司祭長議決連拉匝祿也要殺掉，因為有許多猶太人為了拉匝祿的緣故，離開他們，而信從了耶穌。（《若望福音》12：1－11）

---

1. 另一個瑪利亞，不是耶穌的母親。

## 3 —— 伯達尼晚宴

逾越節前六天，耶穌來到伯達尼，這是耶穌從死者中喚醒拉匝祿的地方，有人在那裡為祂擺設了晚宴，瑪爾大伺候，而拉匝祿也是和耶穌一起坐席的一位。

伯達尼晚宴與拉匝祿的復活之間有直接的關係。伯達尼晚宴是感恩的晚宴，瑪爾大、瑪利亞和拉匝祿感謝耶穌復活了後者。雖然拉匝祿的復活是很偉大的奇蹟，但《若望福音》十一章的中心似乎不是這奇蹟，而是耶穌對瑪爾大所說的話：「我就是復活，就是生命，信從我的，即使死了，仍要活著；凡活著而信從我的人，必永遠不死。」我們應在「我就是復活」這句話的光照下來過聖週；因為它是從伯達尼晚宴開始，所以拉匝祿、瑪爾大和瑪利亞的臨在，使我們想起耶穌極為重要的肯定：我就是復活，就是生命。那位準備為我們受難而死在十字架上的耶穌，這幾天一直默默地對我們每個人說：「我就是復活！你看我被抓、山園祈禱憂悶得要死、被侮辱、被釘在十字架上、死在十字架上，你若不這樣看我，你就會絕望、拋棄我。」我們無法確定當時瑪爾大、瑪利亞和拉匝祿是否如此注視耶穌，但聖母瑪利亞一定是，她能站在十字架下，正是因為她一直把耶穌的話默存在心中⋯我就是復活。

## 復活節的意義

這對我們十分重要，不僅在聖週期間，而且也是在我們的日常生活中。當我們需要面對十字架時，無論是自己的十字架或是我們所愛之人的痛苦和死亡，一定要用耶穌的這些話來光照十字架：「凡活著而信從我的人，必永遠不死。」教會願意我們在復活節之前，四旬期第五主日聆聽耶穌說：我是復活，意謂著我們不需要等到復活節當天才意識到耶穌是復活。我們這幾天已可將耶穌的這句話時時默存心中，以此來參與祂的苦難，並期待祂肉身的復活。在伯達尼晚宴中，瑪爾大、瑪利亞和拉匝祿不但感謝耶穌復活了拉匝祿，並且也因祂是復活和生命而感謝祂。瑪利亞為感謝耶穌是復活，而把極珍貴的香液倒在耶穌的腳上。

耶穌極其喜愛瑪利亞的這一舉動。聖瑪竇記載耶穌的另一句話：「我實在告訴你們：將來在全世界，這福音無論傳到哪裡，必要述說她所作的事，來紀念她。」(《瑪竇福音》26：13) 這句話肯定了瑪利亞的舉動和精神是福音的一部分，甚至可以說它特別彰顯福音的核心，因為福音生活的中心永遠在於愛耶穌，且是越來越瘋狂地愛祂。同時，瑪利亞在聖神的引導下所做的這項無償瘋狂的愛之舉動乃是耶穌對天父瘋狂的愛之反映。因此「福音無論傳到哪裡，必要述說她所作的事」，使所有人明白人是為愛天主而受造、人的幸福在於愛耶穌，

## 3 —— 伯達尼晚宴

並愛天父如同耶穌愛祂一樣，因此，人可以為愛天主而奉獻最珍貴的寶藏。

如同瑪利亞對耶穌的愛反映耶穌對天父的愛，同樣，她對耶穌的感恩也顯示出耶穌對天父的感恩。瑪利亞因耶穌是我們的復活與生命而感謝祂，耶穌卻因天父是一切生命的根源而感謝祂：父將自己的神性生命傳給了祂的愛子，並派遣祂到世界上來，使我們藉祂而獲得生命。

因此，耶穌的最後一星期是感恩的星期：一整個聖週是感恩星期，因它以感恩的晚宴開始；不僅是瑪爾大的妹妹瑪利亞的感恩，更是耶穌的感恩。況且，在最後晚餐中，耶穌建立了「感恩祭」，因此不只是伯達尼晚宴充滿感恩，最後晚餐也充滿感恩。既然彌撒聖祭是耶穌的十字架之祭獻，而彌撒是感恩的祭獻，所以耶穌的十字架之祭獻即是感恩的祭獻。耶穌為感謝天父所做的一切，而在十字架上奉獻自己的整個生命，並邀請我們進入祂的感恩中。假如這幾天是我們生命的最後一個聖週，那麼我們應該多麼感恩，萬不可錯過這個機會！讓我們與耶穌一起感謝天主為全人類所做的一切，從創造一直到耶穌光榮的來臨：無論是符合祂愛的旨意的善事、還是祂容許發生的惡事，都值得我們感恩。聖保祿說過：「應常歡樂，不斷祈禱，事事感謝：這就是天主在基督耶穌內對你們所

055

## 復活節的意義

有的旨意。」(《得撒洛尼人前書》5：16–18) 天主願意我們感謝祂所做的一切，因為一切都在天主手中，即便我們不明白，覺得很可怕，例如瘟疫。天主有其愛的計畫，祂知道祂在做什麼，祂容許惡事發生是由於祂會從惡中生出善來。事事感謝對我們的基督徒生活和奉獻生活尤其重要，因為這是生活在耶穌的喜樂中的一個具體方法。神貧乃是喜樂的守護者：一個神貧的人會常常喜樂。相反的，不夠神貧的人缺乏喜樂，因每當他得不到或失去了自己想佔有的事物時，就會不高興。感恩與神貧是相連的，神貧的人時常感恩，因他什麼都不願意佔有，只願意如同小孩一樣接受天主白白給的一切，如同約伯所說的：「上主賜的，上主收回。願上主的名受到讚美！」(《約伯傳》1：21) 為天主賞的一切而感謝、也為天主收回的一切而感謝的態度，為我們而言格外重要。往往最感恩、喜樂的人是最貧窮的人，反之，人越富有越不懂得感恩。有時你送給窮人一點小東西，他就非常感恩、喜樂，但你無論給富人什麼，他都無動於衷。有時我們面對天主的恩賜也會這樣，因為我們太富有了！感恩會幫助我們在生活中意識到天主賜予的一切都是白白賞的，我們對祂的恩惠沒有任何權利，尤其是我們的聖召和在修會生活中所領受的一切都是天主白白給的。失去感恩的心會使我們日益覺

## 3 —— 伯達尼晚宴

得天主給予諸多恩惠是理所當然的，因而我們逐漸變得不神貧也就越不會感恩，意即惡性循環。

關於伯達尼晚宴，還有一點很重要，即是瑪利亞的舉動涉及到我們彌撒後的謝聖體。為什麼？當時，她看得到、摸得到耶穌的身體，她可以把香液倒在耶穌的身體上；而我們再也看不到耶穌（且不應該想看到），因為耶穌已經不在我們中間，祂升天後，不願再顯現給我們，因此我們無法做瑪利亞的舉動。但是耶穌離開之前已把自己的身體留給我們：聖體聖事。因此，我們雖然無法把最珍貴的香液「浪費」在耶穌的身體上，卻還是可以在耶穌身上——聖體，奉獻我們的時間。此乃彌撒後謝聖體最深的意義所在：為了聖體而「浪費」我們最珍貴的香液，意即花時間默默地感謝耶穌把自己完全賜予我們、感謝祂和我們成為一體、感謝祂使我們與祂一起成為奉獻給天父的愛之祭品。我們雖然無法相稱地感謝天主的這份無限愛情的恩賜，但至少我們可以有意識地奉獻一點時間（若有可能十分鐘以上），來表達我們心中對祂的無限感恩。謝聖體有時不太容易，但必須持之以恆，因耶穌特別喜歡這一瘋狂的愛的舉動。在教會內每次彌撒後刻意花時間默默謝聖體的人很少，這正是為何我們要這樣做，因為這卑微的愛之行為特別彰顯

## 復活節的意義

出福音的精神：「福音無論傳到哪裡，必要述說她所作的事。」

為愛耶穌而「浪費」我們的整個生命，原是奉獻生活最深的意義。聖若保祿二世說過：「獻身生活不是人類能量的一種『浪費』嗎？這些能量可以更有效地運用，以追求更大的善、追求人類和教會的益處。……福音所載伯達尼晚宴的事蹟便是極生動的說明：『瑪利亞拿了一斤極珍貴的【拿爾多】香液，敷抹了耶穌的腳，再用自己的頭髮擦乾，屋裡充滿了香液的氣味。』（《若望福音》12：3）猶達斯以窮人的需要為藉口，埋怨如此的浪費，耶穌則答以：『由她罷！』」（《若望福音》12：7）

「這個回答，為許多人、甚至是誠實地對獻身生活的適當性提出問題的人，永久是有效的。一個人不能將一生傾注給更有效、更合理的方式以改善社會嗎？耶穌的回答會是『由她罷！』有幸蒙受無價的恩賜，能更密切跟隨主耶穌的人，認為很顯然地耶穌應該享有全心之愛，自己的整個一生都可以給祂，而不只是給予祂某些行動，偶爾的機會或某些活動罷了。極珍貴的香液傾流而出是純愛之舉，超越所有的『功利』念頭：這是一個無限制的慷慨記號，表達出一個愛及侍奉上主的生命，為讓自己完全獻身於奧體。如此一個無保留的『流溢』的生命，

058

## 3 —— 伯達尼晚宴

在屋中散發香氣。天主的屋子——教會，今天猶如昨日，總是由獻身生活所裝飾、充實。

「人們眼中視為浪費的，在深為上主之美善所吸引的人心中則是愛的回應，是表現在喜悅中的感恩，感激給予如此獨特之道以認識耶穌，並共用祂的在世使命。」（《奉獻生活》勸諭②104）

我舉一例，我入會時，初學院大約有六十位年輕修士，一位來做客的婦女看到了就說：「哎啊，這麼多帥哥在這裡，真是太可惜了！」但修士們都很喜樂！

因此，謝聖體對獻身者而言尤其重要，因為它會幫助我們保持對奉獻生活真正的意義和價值的意識：為愛耶穌而「浪費」我們的整個生命。我們一旦開始忽略謝聖體，我們對耶穌及奉獻生活的愛就會受到影響。重視謝聖體與否，乃是對耶穌及奉獻生活愛的一個標記。「有許多猶太人聽說耶穌在那裡，就來了，不但是為耶穌，也是為看祂從死者中所喚起的拉匝祿。為此，司祭長議決連拉匝祿也要殺掉，因為有許多猶太人為了拉匝祿的緣故，離開他們，而信從了耶穌。」（《若望福音》12：9－11）司祭長的態度和瑪利亞在伯達尼晚宴的態度截然相反。耶穌復活拉匝祿一事，和耶穌的話「我就是復活，就是生命」，引起了兩種

---

059　　2.　*Vita Consecrata*，教宗若望保祿二世於1996年頒布。

## 復活節的意義

相反的反應：有些人明白了耶穌的愛，並願意以愛還愛、以最瘋狂的愛來回應耶穌的自我給予，另一些人則相反，出於一種集體的驕傲和嫉妒而越來越恨耶穌。

有時候人在一起會彼此勉勵成聖，正常而言修會團體即是如此，我們彼此鼓勵越來越瘋狂地愛耶穌；但有時人在一起的結果卻是一種集體驕傲和嫉妒。我們都認為大司祭的態度實在太惡劣了，但他們既然會這樣，我們也有可能是如此，切勿以為我們比他們好，因為我們都是罪人。我們需要時而反省自己和團體，免得逐漸陷入這種集體的驕傲中。耶穌把我們聚在一起的目的，是要我們幫助彼此成聖。梵二大公會議清楚地表示，修會生活的主要目的是聖德：個人的聖德和團體的聖德。不過切勿以為這是理所當然的事，除非我們每個人渴望熱心愛天主、成聖，並對我們生活的目的保持敏銳的意識，否則我們都有可能一起敗壞。讓我們全心感謝天主所賜給我們的一切，並求祂使我們盡可能地回應祂對我們的愛之召叫。

# 4——耶穌榮進耶路撒冷

## 復活節的意義

伯達尼晚宴幫助我們瞭解，耶穌在世上的最後一星期是一個特別感恩的星期。瑪爾大的妹妹瑪利亞邀請耶穌來到她對耶穌的感恩，耶穌則邀請我們分享祂對天父的感恩。為了感謝天父，我們與耶穌一起奉獻我們全部的生命。十字架的奧蹟必然是為了拯救世人，假如沒有罪人，天主子不會降生成人，且死在十字架上。但耶穌心中最深的意向是光榮天父，藉著感恩與拯救我們而光榮天父。這也是聖週的主要目的，我們願意與耶穌一起光榮天父並拯救世界。無疑的，拯救世界的是耶穌，但藉著我們的愛德和自我奉獻，我們可以參與耶穌的救贖工程，亦是為了成聖。

按照《若望福音》的記載，耶穌在伯達尼晚宴之後榮進耶路撒冷：「第二天，來過節的群眾，聽說耶穌來到耶路撒冷，便拿了棕櫚枝，出去迎接祂，喊說：『賀三納！因上主之名而來的，以色列的君王，應受讚頌。』耶穌找了一匹小驢，就騎上去，正如經上所記載的：『熙雍女子，不要害怕！看，你的君王騎著驢駒來了！』起初祂的門徒也沒有明白這些事，然而，當耶穌受光榮以後，他們才想起這些話是指著祂而記載的。為此，他們就這樣對祂做了。當耶穌叫拉匝祿從墳墓中出來，由死者中喚起他時，那時同祂在一起的眾人，都為所見的作

062

## 4 —— 耶穌榮進耶路撒冷

證;因此,有一群人去迎接祂,因為他們聽說祂行了這個神蹟;於是法利塞人便彼此說:『看,你們一無所成!瞧,全世界都跟祂去了。』」(《若望福音》12:12-19)

耶穌樂意接受耶路撒冷的居民為祂做的舉動,其實耶穌並非不知道這些群眾過幾天都將會喊說:「把祂釘在十字架上」。在此我們看到耶穌對脆弱的人類、對罪人,意即對我們每一個人的無限仁慈。假如我知道,某人今天對我很好,但過幾天就會害我,我不僅不會跟他來往,並且還會保持距離,以免受傷。但耶穌說過:「如果你的兄弟犯了罪,你就得規勸他;他如果後悔了,你就得寬恕他。如果他一天七次得罪了你,而又七次轉向你說:我後悔了,你也得寬恕他。」(《路加福音》17:3-4)我們都做到了嗎?恐怕還沒有,因為我們對別人的愛德很有限。《依撒意亞先知書》紀載上主的僕人:「破傷的蘆葦,他不折斷;將熄的燈心,也不吹滅。」(《依撒意亞先知書》42:3)天主以無限的仁慈對待我們每一個人,且願意善用我們心中任何一丁點的善意來帶領我們、吸引我們、鼓勵我們。

耶穌告訴我們這些事,乃是要我們也照樣行,在聖週期間,這也是我們需要

## 復活節的意義

求的恩寵。聖週四晚上我們會特別紀念耶穌給宗徒們洗腳，這亦是對兄弟愛德與寬恕的一份極特殊的召叫，因此聖週是應該特別活出兄弟愛德的一週。寬恕可能是兄弟愛德最為不易的要求，並且最不容易寬恕的不是迫害我們的人，而是最接近我們的人──天天跟我們在一起的兄弟姐妹們，那最瞭解我們的人，若他們對我們不好，這是最能傷害我們的。我們不要等到聖週四晚上，才開始求耶穌賜給我們兄弟愛德的恩寵；當然我們已經活出了兄弟愛德，同時也知道我們愛得非常不夠，因此，我們仍要全心求耶穌在我們內活出祂自己的愛德及仁慈，好使我們日益肖似祂、無條件地給出。無論身邊的兄弟姐妹如何，我們都隨時準備好接納、寬恕他們，即使他們一天之內七次傷害我們，我們仍然願意不停地求耶穌使我們與祂一起寬恕。

三部對觀福音在敘述耶穌榮進耶路撒冷時，都不曾提及拉匝祿的復活，只有《若望福音》告訴我們當時的群眾之所以迎接耶穌如同迎接默西亞（另譯作彌賽亞）一樣，主要原因是有一部分人看見耶穌復活了拉匝祿。我們說過，對聖母瑪利亞而言，耶穌的話──**我就是復活**，非常重要。在這些群眾中，有一部分人親眼看見耶穌復活拉匝祿，可能也聽到了耶穌說祂就是復活，但為何幾天之後竟然

064

## 4 —— 耶穌榮進耶路撒冷

會喊：把祂釘在十字架上？我想是因為他們只注意耶穌所行的奇蹟，因而把耶穌當做一個偉大的先知，如同《瑪竇福音》所記載的：「當耶穌進入耶路撒冷的時候，全城哄動，說：『這人是誰？』群眾說：『這是加里肋亞納匝肋的先知耶穌。』」（《瑪竇福音》21：10－11）如果我們只把耶穌當做有能力行偉大奇蹟的先知而已，且不在信德中瞭解耶穌就是復活，我們遲早會跌倒。我們可能不會像群眾那樣喊說：把祂釘在十字架上。但面對考驗、痛苦和死亡時，我們會很容易跌倒。雖然我們相信耶穌行了奇蹟，甚或見過一些奇蹟，但幾時痛苦來到我們身上，或當我們需要面對十字架時，就再也看不到奇蹟，因而遠離耶穌去尋求別的援助。

那麼是什麼給予我們力量？我們對耶穌是復活的信德。如同聖若望所言：「凡是由天主所生的，必得勝世界；得勝世界的勝利武器，就是我們的信德。」（《若望一書》5：4）這句話對我們至關重要。值得注意的是，雖然愛德會在我們的考驗中帶來很大的力量，但聖若望並沒有說戰勝世界的武器是我們的愛德，而是我們的信德，為什麼？他接著說：「誰是得勝世界的呢？不是那信耶穌為天主子的人嗎？」（《若望一書》5：5）面對考驗與十字架，首先我們需要

## 復活節的意義

相信耶穌真是我們的救主；相信祂是為我們降生成人的天主第二位、祂是「自有者」、祂是永恆、全能、無限慈悲的天主；相信祂是我們的復活。的確，當天主第二位降生成人時，便是天主永恆的生命來到我們中間，並使我們出離罪惡的死亡而進入新的生命，因此祂就是我們的復活。《聖若望福音》向我們啟示耶穌在奮鬥中的七個「我是」：我是生命之糧、我是世界的光、我是天主子、我是自有者、我是門、我是善牧、我是復活。「我是復活」是最後一個「我是」，所以是高峰。復活似乎總結前面的六個「我是」：祂做我們的生命之糧、我們的光、我們的牧者等，是為了做我們的復活，即為了使我們與祂一起生活在天主內，使我們圓滿地分享祂自己的生命與一切，使我們成為「新受造物」（《格林多人後書》5：17），「成為有分於天主性體的人」（《伯多祿後書》1：4），成為「天主的子女」（《若望一書》3：1）。

讓我們這幾天特別默觀耶穌就是復活，可以說耶穌的苦難是身為復活的耶穌利用痛苦和死亡來彰顯復活的德能。關於這一點，復活節彌撒中的繼抒詠說：「生命與死亡展開了決鬥，使人驚惶；生命的主宰，死而復活，永生永王。」教會認為十字架的奧蹟就是生命與死亡的搏鬥，因為耶穌本身就是生命。耶穌是天

主，而天主不可能失敗，所以祂一定會戰勝。十字架上的耶穌對我們每個人說：「你看，我就是勝利者，我有能力利用死亡來戰勝死亡，並把我自己的生命賜給你，因我就是你的復活。」

最後聖若望告訴我們：「於是法利塞人便彼此說：『看，你們一無所成！瞧，全世界都跟祂去了。』」（《若望福音》12：19）從人性的角度看，耶穌在那個時候光榮地進入耶路撒冷是非常不謹慎的事，因為當時大司祭與法利塞人已經非常嫉恨祂，且說過要殺掉祂。這使我們明白耶穌毫無政治性的企圖。假如耶穌有政治野心，祂就不會在增餅奇蹟之後拒絕想要立祂為王的群眾（參照《若望福音》6：15），祂會利用這個好機會，因為那時支持祂的人最多。在最成功的時候，祂卻拒絕了，因祂知道他們的意向不純正：他們想立祂為王「並不是因為看到了神跡，而是因為吃餅吃飽了。」（《若望福音》6：26）但在最危險的時候，過幾天要被釘在十字架上。祂說過：「我的國不屬於這世界」（《若望福音》18：36），祂心中的主要渴望並非在世上建立人性的王國，更不是追求人性上的成功，而是光榮天父、承行祂的旨意。因此耶穌榮進耶路撒冷的目的一點也不是為獲得人性的光

## 復活節的意義

榮,而是承行父的旨意並拯救祂的子民;祂追求截然不同的光榮,就是天父要在苦難中給祂的光榮。

作為祂的門徒,我們應該如同祂一樣只追求一件事——承行天父對我們的旨意。父的旨意經常不是要我們在世上做偉大成功的事;我們成功的時候應該感謝天主,但成功未必會持久。在這個世界上,天主的旨意是要教會跟隨羔羊,無論祂到哪裡去(參照《默示錄》14:4)。今日世界如此重視成功與人性的光榮,有時候我們會受其影響,可能經常無意識地追求成就感、榮譽、面子……很難接受失敗、痛苦、被輕視、被欺負、不被接納、被孤立,但跟隨羔羊就是要樂意接受這一切,並追求天父願意賜給我們的、完全不一樣的光榮。

068

# 5
## ——死在地裡而結許多果實的麥粒

## 復活節的意義

若望記載耶穌榮進耶路撒冷後，面對希臘人：「在那些上來過節，崇拜天主的人中，有些希臘人。他們來到加里肋亞貝特賽達人斐理伯前，請求他說：『先生！我們願意拜見耶穌。』斐理伯就去告訴安德肋，然後安德肋和斐理伯便來告訴耶穌。耶穌開口向他們說：『人子要受光榮的時辰到了。我實實在在告訴你們：一粒麥子如果不落在地裡死了，仍只是一粒；如果死了，才結出許多子粒來。』」（《若望福音》12：20-24）

「希臘人」代表有文化、尋找真理與智慧的外邦人；他們不屬於以色列民族，但正因他們尋找真理與智慧才來過節，並且他們也許相信以色列子民的雅威是真神。那些人應該聽說了有關耶穌的事，所以他們想認識耶穌，或許願意成為祂的門徒。耶穌曾說過：「我被派遣，只是為了以色列家失迷的羊」（《瑪竇福音》15：24），因此祂在三年的公開生活中，幾乎只向以色列子民傳福音，很少接觸外邦人。當這些追求真理的外邦人來找耶穌時，祂說：「人子要受光榮的時辰到了」，這似乎意謂祂即將受光榮，以使外邦人成為祂的門徒，並在教會內與以色列子民合為一體。聖保祿關於以色列子民與外邦人的和好亦曾說過：「祂以十字架誅滅了仇恨，也以十字架使雙方合成一體，與天主和好」（《厄弗所人書》

## 5 —— 死在地裡而結許多果實的麥粒

2：16），因此，耶穌這裡所說的「光榮」是與祂的十字架相連的。

此外，在《若望福音》中，耶穌多次提及祂的「時辰」，這樣的表達顯然是指至關重要的事；第一次提及「時辰」是在迦納婚宴，祂對聖母說：「女人，這與我和你有什麼關係？我的時辰尚未來到。」（《若望福音》2：4）最後一次則是在祂受難前所做的最後一個祈禱的開始：「父啊，時辰來到了，求你光榮你的子！」（《若望福音》17：1）耶穌的這句話使我們瞭解祂苦難的時辰。

在此應特別留意耶穌並沒有說：「我受難的時辰到了」，而是說：「人子要受光榮的時辰到了。」對耶穌而言，祂的苦難即是祂受光榮的時辰，其中涉及至深奧祕——耶穌的苦難怎能是祂受光榮的時辰？從人性的角度看，痛苦、死亡與光榮是截然相反的。我們這幾天需要努力瞭解這件事：耶穌在此所說的光榮是指什麼？顯然不是人性的、看得到的，因為祂即將死在十字架上，此乃最不光榮之事。因為我們要活出耶穌的奧蹟；既然祂的苦難是祂受光榮的時刻，那麼我們便也應該這樣看我們的痛苦。如果我們不能瞭解痛苦如何可以成為我們受光榮的時辰，就會浪費天主給我們成聖的許多機會，並將總是無法進入耶穌的逾越奧蹟

## 復活節的意義

中，反而會一直想要拒絕痛苦。要把自己的痛苦當做是受光榮的機會絕非易事，但我們需要努力領悟它，不僅是在理論上明白，而且要活出來，否則我們就不是耶穌真正的門徒。

我們還要注意，為何耶穌說「人子」，而不說「我」？「人子」就是人的孩子；本來耶穌是天主子，但為光榮天父、為愛我們，祂卻成了人子。因此「人子」——人的孩子指耶穌的人性，因為孩子由父母領受性體。人子要受到光榮：不是耶穌的天主性要受到光榮，因為耶穌的天主性永遠是光榮的，祂身為天主的內在榮耀永不會改變；在逾越奧蹟中，受到光榮的是祂的人性。

「我實實在在告訴你們，一粒麥子如果不落在地裡死了，仍只是一粒；如果死了，才結出許多子粒來。」耶穌的這句話涉及兩件事：首先，天主子如同落在地裡的麥粒一樣來到世上；其次，祂如同死在地裡的麥粒一樣為我們而死在十字架上。因此，這句話同時包含降生成人的奧蹟和救贖的奧蹟，且耶穌開始回答我們所提的問題：何謂祂苦難中的光榮？祂以死在地裡的麥粒來表達死亡及結出許多子粒來。耶穌的光榮在於藉由死亡結出許多果實。

## 5 —— 死在地裡而結許多果實的麥粒

關於此比喻，我們還要注意一點：死在地裡的麥粒所結的「許多子粒」和它一模一樣；同樣，耶穌藉由死亡所結的「子粒」，即祂的門徒，也和祂一模一樣，就如教會的俗語：「基督徒就是基督第二！」因此，他們也要如同祂一樣死在地裡，並結出許多果實。

故此，耶穌繼續說：「愛惜自己性命的，必要喪失性命；在現世憎恨自己性命的，必要保存性命入於永生。誰若侍奉我，就當跟隨我。」（《若望福音》12：25-27）不僅耶穌要如同麥粒一樣死在地裡，並且凡是真正願意跟隨祂的人，也要像祂一樣在現世憎恨自己的性命，為能與祂一起結許多果實、與祂一起受光榮。

「愛惜自己性命的，必要喪失性命」、「性命」的希臘原文 psyche，本來是「靈魂」之意；在福音中，有時被譯為「性命」，因為靈魂是我們性命的根源。此處耶穌告訴我們——誰若愛惜自己的靈魂（性命），就會喪失靈魂（性命）。這是什麼意思？難道靈魂不好嗎？為何要憎恨自己的靈魂？靈魂不就是造物主天主自己賜給我們每個人的生命根源嗎？我想耶穌的意思是如果我們願意得到更好的一份、最好的生命，我們就必須捨棄原有的生命。在我們身上有造物主賜予的人

## 復活節的意義

性生命的泉源——我們的靈魂，雖然這份恩賜很偉大、很美好，但天主不僅願意賜給我們人性的生命，而且還願意賜給我們祂自己的神性生命——天主性生命。為能得到天主性生命，我們必須死於人性生命。

所謂的「死於自己的生命」，並非靈魂死了，或消失了，而是天主把自己的神性生命灌注在我們的靈魂上，意即「恩寵」。恩寵是天主性生命被灌注在我們的靈魂上，使靈魂變得有能力活出天主自己的生命。但問題在於我們是罪人、亞當的後裔，所以我們的靈魂已飽受罪惡的影響。因此我們憑自己人性的意願所做的及所追求的，大多數是為了滿足聖若望所說的、不是來自天主而是來自「世界」的三種貪欲：「你們不要愛世界，也不要愛世界上的事；誰若愛世界，天父的愛就不在他內。原來世界上的一切：肉身的貪欲，眼目的貪欲，以及人生的驕奢，都不是出於父，而是出於世界。」(《若望一書》2：15－16) 因此，我們若真的願意活在天主內、願意度一個完全神性的生活，我們就需要死於自我。聖保祿也說過：「凡隨從肉性的人，決不能得天主的歡心。」(《羅馬人書》8：8)，以及「如果你們隨從肉性生活，必要死亡；然而，如果你們依賴聖神，去

074

## 5 —— 死在地裡而結許多果實的麥粒

致死肉性的妄動，必能生活」（《羅馬人書》8：13），還有「我告訴你們：你們若隨聖神的引導行事，就決不會去滿足本性的私欲，因為本性的私欲相反聖神的引導，聖神的引導相反本性的私欲：二者互相敵對，致使你們不能行你們所願意的事。」（《迦拉達人書》5：16－17）若望和保祿的這些話都非常清楚：基督徒需要時常死於自己的各種私欲偏情，才能夠活出天主性生命。不願意死於自我，也就是拒絕天主的生命、天主的光及天主的愛。其實，耶穌自己也說過：「誰若願意跟隨我，該棄絕自己，背著自己的十字架來跟隨我，因為誰若願意救自己的性命，必要喪失性命；但誰若為我的原故，喪失自己的性命，必要獲得性命。」（《瑪竇福音》16：24－25）「棄絕自己」就是放棄本性的各種欲望、意願、喜好、觀念、計畫等，好能活出耶穌的愛並承行父的旨意。這是基督徒生活很基本的要求；望教者應明白這一點：準備領洗意味著準備死於自己，為能度一個新生活、成為天主的子女。

葡萄樹的比喻可以幫助我們瞭解這些事：「你們住在我內，我也住在他內。正如枝條若不留在葡萄樹上，憑自己不能結實；你們若不住在我內，也一無所能。我是葡萄樹，你們是枝條；那住在我內，我也住在他內的，他就結許多的果

## 復活節的意義

實，因為離了我，你們什麼也不能作。」（《若望福音》15：4－5）我們應不斷地死於自己人性的欲望、想法、計畫……，我們捨棄了自己人性的種種私欲，這種死亡是為了讓耶穌在我們內生活，並在我們內結許多愛的果實。更進一步說，是求耶穌在我們內活出祂自己的逾越奧蹟，使我們與祂一起為愛天父及他人而犧牲自己的性命，以結出許多光榮父的果實。

「愛惜自己性命的，必要喪失性命；在現世憎恨自己性命的，必要保存性命入於永生」，耶穌的這些話不僅涉及到我們在日常生活中應死於自己，也涉及到我們肉身的死亡。耶穌是藉祂在十字架上的死亡而結出許多果實，因此我們不但要時常棄絕自己，也要在我們面臨死亡時如同耶穌一樣，把自己的死亡當做是奉獻給天父的愛之祭品。

需要注意的是，我們的死亡與耶穌的死亡的不同之處：耶穌是完全自由且甘心情願地死在十字架上，而我們不能選擇自己死亡的時間、地點和方式，也不能以自殺的方式死去。自殺是一種絕望的行為，人因無法面對生活所帶來的痛苦而寧願結束自己的生命。耶穌並非自殺，祂的人性生命是在祂自己手中，祂之所以可以自己決定何時離開這個世界，乃是因為祂是天主；並且祂不是出於絕望而決

## 5 ── 死在地裡而結許多果實的麥粒

定離世，而是在無限的愛中奉獻了自己。我們則不然，因為我們不是自己生命的主宰，只有天主才是人類生命的主宰。雖然我們與耶穌的死亡完全不同，但我們把自己的死亡做為愛的祭獻則與耶穌相同，皆是為光榮天父。

我們的死亡如何能光榮天主？如果我們在愛中接受祂對我們的旨意與安排，喜樂地將自己的靈魂交付於祂的手中，我們的死亡就會光榮天主。例如聖女小德蘭講過「愛的死亡」[1]；她受了很多苦，有時候她會想快一點以死亡結束痛苦，但她並沒有要求天主這樣做，如果天主要她繼續受苦，她就願意繼續承受。她那「愛的死亡」在於願意以最大的愛、感恩和喜樂接受天主的安排，並與十字架上的耶穌一起奉獻痛苦到底，以光榮天父和拯救人靈。最後，當耶穌來接她時，她極其喜樂地把靈魂交付在祂手中，她喜樂的原因並非由於死亡終於結束了她的痛苦，而是因為她的死亡是天主的旨意。

有人則恰恰相反，出於驕傲和對天主的怨恨而不願接受祂的安排。但即使他們不願意，也依然會死，且是死在對天主的惱恨和拒絕中。這種邪惡的死亡非但不會光榮天主，而且倘若他們拒絕到底，就會導致永遠的喪亡⋯⋯。

雖然我們無法如同耶穌一樣自由地死去，但我們可以自由的選擇在愛中交付

---

1. 參見《我的靈魂那麼小：聖女小德蘭回憶錄新譯》，小德蘭著，光啟文化。

077

## 復活節的意義

靈魂或在怨恨中拒絕天主,這是每個人要自己做的、意志上的選擇。讓我們懇求聖神使我們得以在死亡的時刻,選擇在愛中奉獻自己的生命,以光榮天主。在死亡的時刻,讓我們以感恩的心向天父說:「感謝祢對我的一切安排,因為祢所做的一切都是好的;是祢白白賜給了我生命,即使祢現在要收回,我仍然感謝祢、愛慕祢,並渴望我的死亡能光榮祢。」

「誰若侍奉我就當跟隨我,如此我在哪裡,我的僕人也要在那裡,誰若侍奉我,我父必要尊重他。」如果我們願意死於自我,並求耶穌在我們內生活,那麼耶穌在哪裡,我們也會在那裡,如同祂的前兩個門徒一樣過,便注視著祂說:「若翰看見耶穌走過。耶穌轉過身來,看見他們跟著,便問他們說:『你們找什麼?』他們回答說:『辣彼!』——意即師傅——你住在哪裡?』祂向他們說:『你們來看看罷!』他們於是去了,看了祂住的地方;並且那一天就在祂那裡住下了。」(《若望福音》1:36-39)如果我們渴望跟隨羔羊無論祂到哪裡去,我們就會常常同祂在一起;意即如果我們真的渴望為愛天主和世人而奉獻自己的整個生命,那麼耶穌在哪裡,我們就會跟耶穌在一起。

078

## 5 —— 死在地裡而結許多果實的麥粒

耶穌在哪裡呢？耶穌永遠在父的懷裡——祂誕生時，憩息在聖母瑪利亞的懷中，同時也在父懷裡；當祂在納匝肋時，仍然在父懷裡；而在傳教時，祂還在父懷裡；最後在十字架上時，依然在父懷裡，因為祂是「那永遠在父懷裡的獨生者」（《若望福音》1：18）。因此，侍奉耶穌的人常常跟耶穌一起在父懷裡，意思是體會到與天父之間一種深切的愛之合一，也就是分享耶穌與天父之間愛的合一。

與天父的合一很重要的一點在於，祂要求我們效法祂的慈悲。耶穌說過：「你們應該慈悲，如同你們的天父那樣慈悲。」（《路加福音》6：36）這是天主對我們的旨意。因此我們為愛天父而放棄自己的自私、脾氣、嫉妒、欲望和驕傲，求耶穌在我們內以無限仁慈接納我們不喜歡的人時，讓我們能體會到與天父之間的深切合一。因為當我們承行父的旨意、活出祂的愛時，我們的意願和祂的意願是一致的，因此，我們就能體會到與耶穌一起在父懷裡的喜樂。

在現世我們仍然在信德的黑暗中，「藉著鏡子觀看，模糊不清」，而不是「面對面的觀看」（參照《格林多人前書》13），但我們已經在父懷裡了，這是事實。我們這個時代的人非常重視感覺，可是我們又看不到天主、耶穌，因而出現一個

## 復活節的意義

很深的誘惑——凡是感覺不到的東西、超性的、與天主之間的關係、天上的事等都被視為抽象、不真實的。這是魔鬼的欺騙。信德在於相信那些我們感覺不到和看不到的事實。如果我們總是要求感覺得到、看得到的，就會逐漸失去信德。

這就是多默的誘惑：「我除非看見祂手上的釘孔，用我的手，探入釘孔；用我的手，探入祂的肋旁，我決不信。」（《若望福音》20：25）耶穌的回答很清楚：「因為你看見了我，才相信嗎？那些沒有看見而相信的，才是有福的！」（《若望福音》20：29）這一點很重要，沒有看見而相信是非常幸福的事。因為我們為愛天主而犧牲自己來確定事實的願望，所以我們就可以如同完全信賴耶穌的小孩子那樣和祂在一起，我們已經接觸到天上的事了。基督徒生活的基本要求是信德，如果我們總是要求看到、感覺到，我們就不是真正的基督徒了。例如拜聖體時感覺無聊、枯燥，耶穌就不在了嗎？肯定不是的；因為我們相信、渴望、願意愛天主，我們的心便已轉變為耶穌的心，默禱的奧蹟就在於此。

聖若望甚至說過：「我寫信給你們這些信天主子的人，是為讓你們知道你們已有永生了。」（《若望一書》5：13）基督徒是藉由信德而在現世開始活於永生的人。由於相信，我們已經認識了天主，且和耶穌在一起，這是事實而不是我

## 5 —— 死在地裡而結許多果實的麥粒

們的幻想。而「永生就是：認識祢，唯一的真天主，和祢所派遣來的耶穌基督」（《若望福音》17：3），基督徒在信德中的生活是非常真實的，讓我們不要上魔鬼的當！

# 6 ——至悲慘而光榮的死亡

## 復活節的意義

耶穌在預報祂將如同麥粒一樣死在地裡，並邀請我們跟隨祂之後，立即陷入恐慌憂悶中：「現在我心神煩亂，我可說什麼呢？我說：父啊！救我脫離這時辰罷？但正是為此，我才到了這時辰。」（《若望福音》12：27）《若望福音》沒有記載耶穌在山園的祈禱，但十二章27節的這句話很相似於祂在山園祈禱所說的：「阿爸！父啊！一切為你都可能：請給我免去這杯罷！但是，不要照我所願意的，而要照你所願意的。」（《馬爾谷福音》14：36）

「這時辰」意指祂受難的時辰。天主子成為人的目的在於受難、死而復活，這並非祂降世後的一時想法和決定，而是天主永恆的愛之計畫：「基督一進入世界便說：『犧牲與素祭，已非你所要，卻給我預備了一個身體；全燔祭和贖罪祭，已非你所喜，於是我說：看，我已來到！關於我，書卷上已有記載：天主！我來為承行你的旨意。』」（《希伯來人書》10：5–7）天主聖三在未創世之前，便已在永恆中決定了聖子將會降生成人且死在十字架上。既然耶穌是為此而來到世上，那麼為祂的門徒而言，參與祂的苦難便是生命中最關鍵之事了。

耶穌面對祂的時辰如此心神煩亂，不只是由於祂要受很多苦，也是因為祂的

084

## 6 —— 至悲慘而光榮的死亡

母親會在十字架下受許多苦,以及所有門徒、包括我們也要跟祂一起受苦。耶穌說過:「誰若願意跟隨我,該棄絕自己,背著自己的十字架來跟隨我。」(《瑪竇福音》16:24)耶穌知道所有跟隨祂的人都會受苦,這是耶穌苦難中一個特別可怕的痛苦,因為有愛心的人最怕的往往不是自己受苦,而是所愛的人受苦。耶穌在祂對天父的愛中及從心靈的最深處愛我們,最讓祂恐慌的是聖母和我們的痛苦。當我們因受苦而抱怨天主:「祢在哪裡,祢不管我了?」的時候,想想耶穌早就為我們現在所受的苦而受苦。當祂看到我們痛苦,祂比我們更痛苦,所以,應求祂使我們像祂一樣,以最大的愛奉獻我們的痛苦,並使之變得有意義、有價值,且結出果實。

我們受苦的意義究竟是什麼?我們需要與耶穌一起受苦,為能學習如何真正去愛,因為為愛別人而受苦特別要求我們走出自我、並追求對方的益處,而這乃是愛的真諦。因此,教會一直受苦,直到耶穌光榮的來臨,天主願意教會所有成員分擔耶穌的苦難,以達到與祂之間的最深合一。凡是不願意與耶穌一起受苦的人,就不是真正的基督徒,也無法成聖。

「父啊,光榮你的名罷」。耶穌的時辰是人子受光榮的時辰,同時也是父藉

## 復活節的意義

著耶穌光榮自己的名的時辰,即耶穌光榮父的時辰,如同耶穌在其大司祭的祈禱之始所表達的:「父啊!時辰來到了,求你光榮你的子,好叫子也光榮你。」(《若望福音》17:1)耶穌求天父光榮祂,目的在於子也光榮父——二者間的相互性。

「當時有聲音來自天上:『我已光榮了我的名,我還要光榮』」,無論是耶穌還是天父,都特別提到「名」,為什麼?「父」即是天主聖三中第一位的名字,它代表生命的泉源。從人性角度看,父親是指在愛中把自己的生命和樣貌遺傳給孩子的人:每個人都像自己的父親。同樣地,在天主內,第一位——「父」把祂的天主性和樣貌傳給第二位——「子」(這就是為何耶穌可以說:「誰看見了我,就是看見了父。」)因此,「光榮你的名」可以理解為:「讓世人知道祢是父,並且接受祢為他們的父親」。倘若世人接受耶穌的父親成為他們的父親,願意做祂的孩子,亦即願意接受祂白白給予的愛與生命、願意活出祂的奧蹟、認識祂、愛祂且如同祂一樣去愛,這便是光榮祂的名。不過,我們對「父親」的經驗與觀念,有時會阻礙我們認識並接受天主第一位的父愛:如果我們把對人性的父親的負面觀念投射在天父身上,尤其是可怕的威嚴、過分的權勢、霸道等,我們就很難

## 6 —— 至悲慘而光榮的死亡

作祂的孩子。因此，我們格外需要努力淨化我們對祂的認識：祂不是可怕的「皇帝」，而是生命、光與愛的無限慈悲與溫良的泉源！讓我們求聖神光照我們的心靈，使我們對天父有日益正確與深刻的認識。

耶穌的逾越奧蹟光榮父的名，因為祂在其中特別彰顯天主的父愛，並把父的生命和容貌傳給所有信仰祂的人。因此當耶穌說：「父啊！光榮你的名罷」時，天父回答：「我已光榮了我的名，我還要光榮。」耶穌向來都在光榮父的名字，父也已經光榮了自己的名字，因為無論是在納匝肋的隱藏生活或是在祂的傳教生活，耶穌一直都在承行父的旨意、彰顯天主的父愛，並教導人如何作天父的孩子。但為何天父還回答說：「我還要光榮」？這是由於在逾越奧蹟中，耶穌以一種新的方式光榮父的名。

因此，如果認為耶穌的苦難、死亡和復活只是祂生活的終點而已，會是一個錯誤，因為祂藉由這個時辰進入了新的奧蹟中，且以一種獨一無二的方式光榮了天父、拯救我們。所以，我們要努力發現這「新的方式」意指什麼，既然在逾越奧蹟中，耶穌與父相互光榮，而當耶穌以新的方式光榮父的同時，祂也受到一種「新的光榮」。我們需要試著瞭解何謂耶穌在逾越奧蹟中所受到的新光榮，而這

## 復活節的意義

也是我們所要活出來的。

「現在就是這世界應受審判的時候，現在這世界的元首就要被趕出去；至於我，當我從地上被舉起來時，便要吸引眾人來歸向我。」祂說這話，是表明祂要以怎樣的死而死。」在第31節中，「世界」一詞出現了兩次。在聖若望的著作中，「世界」有兩種不同的意思：有時它指受天主所創造的這個世界，是好的，例如：「天主竟這樣愛了世界」（《若望福音》3：16），天主愛祂所創造的一切；但有時則指受到罪惡的影響而屈服在魔鬼權下的世界，比如《若望一書》所說的：「你們不要愛世界，也不要愛世界上的事；誰若愛世界，天父的愛就不在他內。原來世界上的一切：肉身的貪慾，眼目的貪慾，以及人生的驕奢，都不是出於父，而是出於世界。」（《若望一書》2：15-16）這裡的世界就是受到魔鬼和罪惡影響的可憐、敗壞的世界。顯然地，31節中的「世界」是第二種、負面的意思。

「現在就是這世界應受審判的時候。」是誰審判這個世界呢？按照福音上下文，應該可說是在十字架上光榮父的名、為我們犧牲自己、愛我們到底的耶穌，是祂要審判這個世界。希臘原文，「審判」的基本意義是分辨。耶穌對世界的審

## 6 —— 至悲慘而光榮的死亡

判在於分辨在人身上什麼是屬於天主、什麼是屬於魔鬼的。當我們在愛德中努力以十字架上的耶穌的光來看自己時,我們就能自我分辨那屬於天主的,以及屬於邪惡的。這涉及到我們要做的良心省察;我們不可獨自一人做省察,而應與耶穌一起,意即求耶穌幫助我們用祂無限仁慈的眼光看我們自己,否則我們遲早會有絕望的誘惑——越來越發覺自己極其軟弱、無法自拔、只是個罪人。在耶穌內沒有任何黑暗、任何虛假,因而祂的眼光必然是最真實的,祂通曉一切,絕不會顛倒是非,把善稱為惡,也不會把惡稱為善。然而耶穌以無限的仁慈接納我們、寬恕我們、鼓勵我們,雖然我們身上的邪惡為祂是一目了然的,但祂首先關注的並非惡方面,而是在我們身上最深、最美、最重要的部分;最重要的不是我們的罪,而是在我們身上天主聖三的肖像和模樣。

正如蕩子回頭的比喻:他在回來的路上,已準備好要說:「父親!我得罪了天,也得罪了你,我不配再稱作你的兒子,把我當作你的一個傭工罷。」(《路加福音》15:18–19)他可能一路上都在重複這句話,但父親並沒有讓他說完,且似乎對他說:「你不要說這樣的話,我不想聽,無論如何你永遠是我的兒子,即便你是最墮落、最壞的一個人,你依舊還是我的兒子,我不允許你說你不配做我

089

## 復活節的意義

的兒子。」（參閱《路加福音》15：11-32）因此，天主首先看的是我們是祂的兒子，是祂的肖像。這是為什麼我們無論如何總是有希望，因為父親的無限慈愛總是有能力，讓這個蕩子重新成為鍾愛的兒子。

我們經常以天主十誡作為省察的準則，但它們只是道德生活的最底線，並非基督徒生活的標準。真正的基督徒生活不只在於遵守十誡，並且是如同基督一樣去愛。真福八端即是耶穌聖心之愛的八個面貌，它們才是基督徒生活的標準。

我們絕不能忽略天主十誡，因按真福八端而生活會包含遵守十誡，但真福八端對愛的要求遠超越十誡的要求。因此基督徒做省察時，應反省的不只在於是否遵守十誡，更在於是否活出真福八端。

十字架上的耶穌最能幫助我們做省察，因祂在十字架上圓滿地活出愛德。雖然耶穌在世上一直活於完美的愛德，但在苦難中，祂以最完美的方式活出真福八端：祂是最神貧，最溫良，最哀慟的……因此，做良心省察最好的方法便是跪在十字架上的耶穌面前，做如下分辨：我是否同祂一樣神貧、溫良、仁慈……？所有差異之處都需要被淨化、提升，且應完全剔除那屬於罪惡的部分。

在私審判時，是由死而復活的耶穌審判、辨別我們，在祂面前我們將看得一

090

## 6 —— 至悲慘而光榮的死亡

清二楚；若我們與祂不一樣，便要去煉獄受淨化，直到變得與耶穌相同，才能永遠與祂在一起。

「這世界的元首就要被趕出去。」魔鬼是這世界的元首，在此出現一個問題：如今耶穌已死而復活且升了天，聖神也降臨了，但魔鬼還繼續在世上害人，直到耶穌光榮的來臨（這是聖經及我們日積月累的經驗所告訴我們的）我們又如何明瞭耶穌的這句話呢？從某方面來說，在耶穌的逾越奧蹟之前，魔鬼對人類有某種權利；亞當和厄娃因所犯的罪如同把他們自己及其所有後裔賣給魔鬼。天主藉由耶穌的苦難使之終結，天主子已為我們死在十字架上，魔鬼也被趕出去且失去了這一權利。

雖然耶穌已完成救贖工程，但仍需要我們的配合，需要我們願意領受救贖工程的效果、恩賜。我們如何具體地領受呢？首先，我們藉由聖洗聖事領受耶穌逾越奧蹟為人類所賺得的救恩，聖洗聖事將魔鬼從我們身上趕出去。但為什麼領洗之後，儘管我們不斷努力成聖，魔鬼還繼續攻擊我們？雖然牠繼續誘惑我們，但牠對我們已毫無權利，天主只是利用牠來聖化我們。

因此，如果我們確實信賴、依靠耶穌，就必會克勝誘惑，因祂已經戰勝了魔

## 復活節的意義

鬼，這也是耶穌光榮的一面。祂不是用武器，也不是用看得到的大能克勝魔鬼，而是用祂愛的自我犧牲戰勝了魔鬼的驕傲和牠對人類所做的一切惡事。這即是被宰殺羔羊的大勝利。耶穌的門徒分享祂的大勝利；祂是勝利者，我們依靠祂也成為勝利者，這也是我們的光榮。聖保祿記載：「然而，靠著那愛我們的主，我們在這一切事上，大獲全勝，因為我深信：無論是死亡，是生活，是天使，是掌權者，是現存的或將來的事物，是有權能者，是崇高或深遠的勢力，或其他任何受造之物，都不能使我們與天主的愛相隔絕，即是與我們的主耶穌基督之內的愛相隔絕。」（《羅馬人書》8：37-39）他向我們保證：如果我們完全依靠那為我們死在十字架上的耶穌、而不依靠自己，並把一切都交給祂，我們就會大獲全勝。

但未必是明顯的勝利，可能是隱藏在心靈深處的勝利，表面上也許還有一些不完美的表現、失敗、與耶穌一起受苦，但在心靈深處我們已戰勝了自己的驕傲、自私和各種貪欲。例如發生了一件很不愉快的事，我們控制不住自己的負面情緒，並且別人也都目睹了，但我們意志上願意超越情緒——願意愛、寬恕、效法耶穌，不願意犯罪，這已是我們愛的勝利了。

就如聖女小德蘭有一次與一位姐妹發生衝突，內心很不滿，為了避免傷害對

## 6 ── 至悲慘而光榮的死亡

方，她沒有表現出來，但她感覺到自己無法溫和地面對那位修女，因而選擇趕快離開。她這樣做雖然表面上有一點瑕疵，但是她已經勝利了。

「至於我，當我從地上被舉起來時，便要吸引眾人來歸向我。」很有意思的是，耶穌不說：「當我被釘在十字架上時」，而是說：「當我被舉起來時」。教會認為「被舉起來」是指耶穌的苦難，因此祂在這裡再次使用正面積極的表達方式提及自己的苦難。按照《若望福音》的記載，耶穌面對自己的苦難時，強調的不是痛苦，而是「光榮」、「結果實」、「被舉起來」，所以我們也要努力以積極的眼光注視十字架上的耶穌，並以同樣的眼光來看與耶穌一起受苦的自己。「被舉起來」首先表達的是離開地面，往天上去。耶穌在此特別指出祂要離開這個世界往父那裡去。此處尚有一個象徵意義：在加爾瓦略山上，耶穌伸開雙手被釘在十字架上時，祂成為天與地、天主與罪人之間的中保，為地上的罪人轉求。也可以說耶穌成為天與地之間的梯子，如同祂提到雅各伯作夢看見一個梯子（參閱《創世紀》28：12）時所說的：「**我實實在在告訴你們**：你們要看見天開，天主的天使在人子身上，上去下來」（《若望福音》1：51），十字架上的耶穌成為罪人上到

## 復活節的意義

天主那裡去的梯子。

「便要吸引眾人來歸向我」這句話對我們格外重要：我們都切望被耶穌吸引，卻又覺得祂不夠吸引我們。耶穌的話向我們保證，只要我們在信德、望德和愛德中全心注視被高舉的耶穌，祂一定會吸引我們。需注意的是，在生命中有各式各樣「被吸引」的經驗。有時是本能而膚淺地被吸引，例如：當我們口渴時，我們被水吸引，我們時常會有在感覺上被人、事、物吸引的經驗。這種人性的經驗並非不好，但也有更深的被吸引的經驗，即精神上、意志上的被吸引。我們的意志會被什麼所吸引呢？精神性的善不是我們的感官所能碰觸到的，而是心靈、理智、精神能碰觸到的另一種善。

我舉一個人性的例子：如果我們認識一個非常友好、善良的人，或一位很有智慧、聖德的老人家，即使他沒有任何可以吸引我們的外貌，但我們會逐漸體會到他的另一種吸引力，並且他會越來越吸引我們；是他的內心、精神性的美善吸引我們——每個人都可以有這樣的人性經驗。

耶穌的吸引力屬於精神性美善的吸引，一個被鞭打得遍體鱗傷且被釘在十字架上的人令人害怕，從外表看沒有任何吸引力，但那吸引我們的是被釘耶穌超性

094

## 6 ── 至悲慘而光榮的死亡

的無限美善。我們曉得，耶穌在被釘之前就有無限的美善，但祂通過苦難和死亡更加圓滿地表現出其無限美善。世人總是很難相信天主真的愛我們，因此祂最後藉由降生成人及受難死在十字架上，以證實祂確實愛我們，且愛到極點。事實上，耶穌的苦難也無法相稱地表達出天主子對我們的愛，這就是為何祂最後呼喊：「我渴」（《若望福音》19：28）。耶穌渴望愛，祂渴的呼喊顯示出，祂的苦難──即祂所完成的如此偉大的救贖工程，也不能相稱地表達出祂心中對愛天父和愛我們的渴望。

因此，讓我們時常注視被舉起來的耶穌，不單只是默想祂為我們所受的苦，更需要在內心的寧靜中、瞻仰耶穌在無限的愛情中往父那裡去。被父的愛所完全攫取的耶穌之所以特別能吸引我們，乃是因為我們的幸福在於愛父如同耶穌愛祂一樣。我們並瞻時常聆聽耶穌在十字架上渴的呼喊，祂瘋狂地愛我們每個人，愛得無法完全表達出來，但祂渴望我們相信祂的愛。此一經驗，人皆有之，也都曉得最吸引我們的是耶穌的愛。祂早已吸引我們了，但我們還要特別求祂越來越吸引我們，因祂的吸引力是無限的，任何人都無法說自己已完全被吸引、耶穌不

## 復活節的意義

能更加吸引他了。耶穌願意一直越來越吸引我們,而我們需要努力在信德中注視被高舉的耶穌以配合祂的恩賜,這就是默禱的重點所在。既然聖體就是被高舉的耶穌,因此在默禱中注視聖體特別能幫助我們體會耶穌的吸引力。

# 7 ― 最後晚餐

# 復活節的意義

關於最後晚餐，我們要看四個部分：耶穌建立聖體聖事，耶穌給宗徒們洗腳，猶達斯的出賣及彼此相愛的新命令。

## • 耶穌建立聖體聖事

《聖若望福音》沒有提這件事，因此我們看聖保祿所記載的：「主耶穌在祂被交付的那一夜，拿起餅來，祝謝了，擘開說：『這是我的身體、為你們而捨的，你們應這樣行，為紀念我。』晚餐後，又同樣拿起杯來說：『這杯是用我的血所立的新約，你們每次喝，應這樣行，為紀念我。』的確，直到主再來，你們每次吃這餅，喝這杯，你們就是宣告主的死亡。」（《格林多人前書》11：23-26）

聖保祿強調，耶穌是在祂被交付的那一夜建立了聖體聖事。祂原可以在增餅奇蹟時、在復活後或在別的機會完成這事，但祂願意在受難前建立聖體聖事，為使我們明白在感恩聖事和祂的苦難之間有一份密切的關係。耶穌為成聖體聖血所說的話也表達了這一點：「這是我的身體，為你們而捨的。」耶穌強調的是為我

# 7 —— 最後晚餐

們而捨棄的身體。關於成聖血，《瑪竇福音》這樣記載：「這是我的血，新約的血，為大眾傾流，以赦免罪過」（《瑪竇福音》26：28），耶穌也強調這是祂為大眾傾流的血。「你們就是宣告主的死亡」，聖保祿的這句話也清楚表達，聖體聖事和耶穌的死亡二者之間有密切的關係。

因此，教會的聖傳向來認為舉行彌撒乃是以聖事的方式重現耶穌苦難的奧蹟，如同禮儀所表達的：「主基督，你藉你神妙的聖體聖事留下了你苦難的紀念。」（基督聖體聖血節，集禱經）由於基督的光榮苦難和祂的復活是分不開的，因此感恩祭也是祂復活的紀念禮：「我們紀念基督的聖死與復活」（感恩經第二式）；儘管如此，彌撒首先重現的卻不是耶穌復活的奧蹟，而是祂苦難的奧蹟。

「以聖事的方式」意即以象徵的方式，但不是一般的象徵，而是生效的象徵：在彌撒中，受難的耶穌真實地臨在祭臺上。祂不再受肉體上的痛苦，但祂內心愛的自我奉獻親臨我們中間。耶穌的苦難既是一種祭獻，因此彌撒也是一種祭獻。

如何理解基督的苦難是一種祭獻？讓我們看《希伯來人書》：「凡大司祭都是為奉獻供物和犧牲而立的，因此這一位也必須有所奉獻。」（《希伯來人書》8：3）耶穌——降生成人的天主子——由於祂既是天主又是人，所以最適合作新

099

## 復活節的意義

約的大司祭,即天主與世人之間的中保。祂來使罪人與天父和好,把天父的慈愛帶給世人,並把世人帶向天父那裡;如同舊約的司祭一樣,祂的司祭職主要行為在於奉獻供物和犧牲,為什麼?因為身為受造物,人面對天主時所應做的,首先是朝拜造物主天主,即在愛與感恩中承認祂是我們存在、生命及一切的根源,祂比我們自己更臨在於我們內,所以介於天主與人之間的中保其主要角色即在於替人民向天主奉獻最完美的朝拜。朝拜本身是內心的事,但人應用外在的祭獻來表達內在的朝拜;因此,司祭的主要行為便是替人民向天主獻祭。在十字架上,耶穌,父的愛子,在心中「以心神以真理朝拜父」(《若望福音》4:23),向天父奉獻了完美的愛的朝拜,感謝天父所做的一切,並以外在的祭獻表達這份內心的朝拜與感恩。但祂有別於舊約的司祭:「祂無須像那些大司祭一樣,每日要先為自己的罪,後為人民的罪祭獻犧牲;因為祂奉獻了自己,只一次而為永遠完成了這事」(《希伯來人書》7:27);「現今,在今世的末期,祂只出現了一次,以自己作犧牲,除滅了罪過。」(《希伯來人書》9:26)耶穌大司祭的特色在於奉獻自己,而舊約的司祭奉獻的卻是牛羊等;並且祂完美的朝拜、完美的服從、完美的感恩、完美的

100

## 7 ── 最後晚餐

愛的祭獻足以彌補全人類的一切罪過，並贖回眾人。「祂藉著永生的神，已把自己毫無瑕疵地奉獻於天主，祂的血豈不更能潔淨我們的良心，除去死亡的行為，好去事奉生活的天主？」（《希伯來人書》9：14）；「我們就是因這旨意，藉耶穌基督的身體，一次而為永遠的祭獻，得到了聖化。」（《希伯來人書》10：10）這兩節更清楚地表達：耶穌所奉獻的是祂自己的體和血。並且祂是「藉著永生的神」，即聖神，把自己的身體及寶血奉獻給天父作愛的祭品，而聖化了我們。

既然基督的苦難是祭獻，那麼祂在受難前，以大司祭的身分所建立的禮儀，便是祂留給教會的新約的祭獻，即感恩祭。關於這一點，聖若望保祿二世說：「教會舉行感恩祭時──即舉行主的死亡與復活的紀念禮時，此救恩的主要事件就會真正地臨在，而『實行我們得救的工程』。這個祭獻對於人類的救恩是如此事關重大，因此基督完成了這祭獻，並且留給我們能夠身臨其境似地參與的方法，然後才回到祂的父那裡。因此每一位信友都能參與，並源源不竭地得到無盡的果實。」（《活於感恩祭的教會》① 11）耶穌受難時，除了聖母、愛徒和幾位聖婦外，沒有其他人參與祂愛的祭獻；由於祂渴望所有基督徒都能活出此奧蹟，因而發明了這個方法，使每個時代無論哪個地方的門徒都能如同站在十字架下的聖

---

1. 這篇通諭 2003 年 4 月 17 日由教宗若望保祿二世頒布，論感恩祭與教會的關係。

# 復活節的意義

母一樣，參與祂的祭獻；雖然在感覺上耶穌的苦難與彌撒完全不一樣，但事實上是同一奧蹟。因著彌撒聖祭，我們今天在此地就可以參與基督的苦難！

聖若望保祿二世接著說：「感恩祭之本義是一種祭獻⋯⋯最重要的還是送給天父的禮物。」（《活於感恩祭的教會》13）如同在十字架上一樣，彌撒中聖體內的耶穌，作為天父的愛子，以心神以真理朝拜父、感謝父，並以無限的愛向天父奉獻祂那「歆饗的完美祭獻」（感恩經第一式），即自己的聖體聖血，以光榮天父；這奧蹟雖然是精神上的、感覺不到的，但非常真實。關於這一點，聖女傅天娜見到有關最後晚餐的神視之後寫道：「在奉獻的時刻，愛情因充分滿足而憩息──犧牲奉獻終於圓滿完成了。現在只等待舉行外在的死亡儀式──外在的毀滅；它的精髓就在晚餐廳中。」（《日記》② 684）耶穌建立聖體聖事時，祂愛的自我奉獻的重點（「精髓」）已經完成了。因此，雖然痛苦和死亡使耶穌得以在外在的行為上達到高峰，但「外在的死亡儀式」並非這祭獻的重點。我們在彌撒中所重現的，不是這奧蹟的「外在的死亡儀式」，而是它的精髓，即耶穌精神上的自我奉獻。

---

2. 《聖女傅天娜日記》。

102

# 7 ── 最後晚餐

面對這項奧蹟，參與彌撒的信友該做什麼？教會回答：「信友們參與感恩祭──整個基督徒生活的泉源與高峰，就是把天主性的祭品獻給天主，同時把自己和這祭品結為一體一同奉獻。」（梵二大公會議文獻《教會憲章》11）此處所說的「天主性的祭品」是指耶穌的聖體聖血；將它獻給天主意即在心中對天父說，我們渴望祂自己「為教會準備的祭品」（感恩經第四式）──基督的聖體聖血，在世界上給祂帶來最大的光榮，即讓天主的愛火燃燒世界（參閱《路加福音》12：49）。具體而言，這是在成聖體聖血之後的經文所表達的，例如：「我們從祢所賜的恩物中，把這純潔、神聖、無玷的犧牲，永恆生命之糧，和救恩之杯，奉獻於祢台前」（感恩經第一式）；我們「向祢奉獻生命之糧，救恩之杯，感謝祢使我們得在祢台前，事奉祢」（感恩經第二式）；我們「以感恩的心情，獻上這具有生命的聖祭」（感恩經第三式）；我們「向祢獻上祂的聖體聖血，作為祢所歡饗的救世聖祭。」（感恩經第四式）無論是哪一式的感恩經，這幾句話都特別重要，但我們恐怕很多時候因不夠專心聆聽感恩經的這部分，以至於錯過彌撒中特別關鍵的時刻……「同時把自己和這祭品結為一體一同奉獻」的意思就是，我們與祭臺上的耶穌一起以心神以真理朝拜父、感謝祂，並對祂說既然我們領聖體時

103

## 復活節的意義

就會與剛剛奉獻給祂的祭品結為一體,所以我們渴望自己生活中的一切,藉著基督、偕同基督、在基督內,都成為光榮祂的愛的祭獻。具體上,我們是在感恩經的成聖體聖血後做這個奉獻,如:「願聖神使我們成為祢永恆的祭品」(感恩經第三式);「恩准所有分享同一個餅和同一杯酒的人,由聖神合為一體,在基督內成為生活的祭品,歌頌祢的光榮。」(感恩經第四式)我們尤其是在感恩經結束的「聖三頌」,以及領聖體之後做此自我奉獻。因此,彌撒的祭獻包含三方面:耶穌奉獻自己的聖體聖血,我們奉獻耶穌的聖體聖血,我們奉獻自己;而三者是分不開的。

但耶穌同時也說過:「我喜歡仁愛勝過祭獻。」(《瑪竇福音》12:7;《歐瑟亞先知書》6:6)祂的這句話豈不與前文所說的大相逕庭?既然仁愛勝過祭獻,那麼我們為什麼如此強調祭獻呢?事實上耶穌十字架祭獻的目的在於赦免人類的罪,並且耶穌成聖血時說:「為大眾傾流,以赦免罪過。」(《瑪竇福音》26:28)因此耶穌的苦難不僅是光榮天父的祭獻,也是拯救罪人的最大慈悲行為。既然彌撒聖祭就是十字架的奧蹟,所以它既是最完美的愛的祭獻,同時又是

# 7 ── 最後晚餐

最深的慈悲行為。但這項奧蹟要求我們在感恩祭中像耶穌一樣，為人類的救恩真實地向天父奉獻我們的整個生命，否則我們的彌撒就會失其應有的意義和價值：雖然表面上我們參加禮儀、領聖體，但我們並不是真正地活出耶穌十字架的奧蹟；它不再是愛的祭獻和慈悲的行為，而是虛偽的外在敬禮了。聖經警告我們天主特別厭惡這種虛偽的敬禮；因此我們每個人都格外需要反省這一點，並求聖神幫助我們在每台彌撒中越來越真實地參與耶穌那無限慈悲的祭獻。

感恩祭也是盛宴，即「羔羊的婚宴」（《默示錄》19：9），天主出於祂對世人的無限慈愛，甘心成為我們──祂的受造物──的食糧。聖體聖事就是天主在愛的靜默中把自己完全賜給我們，我們只能以充滿愛的信德來領受，並全心朝向基督的再度來臨。領聖體就是領受耶穌的聖心，領聖血就是領受從耶穌被刺透的心所流出的血，即祂聖心的愛。耶穌願意以這種方式表達祂多麼渴望與我們成為一體，如同我們所吃的食物與我們成為一體；但我們領聖體時，並不是我們把耶穌轉化成我們，而是祂把我們轉化為祂，如同祂所說的：「誰吃我的肉，並喝我的血，便住在我內，我也住在他內。就如那生活的父派遣了我，我因父而生活；照樣，那吃我的人，也要因我而生活。」（《若望福音》6：56-57）每當我

## 復活節的意義

們領聖體時，我們就日益肖似耶穌。並且，既然我們所領的是自我奉獻的耶穌，所以與祂成為一體也就是與祂成為一個愛的祭品奉獻給天父。

此外，既然每一位領聖體的信友與自我奉獻的耶穌成為一體，那麼我們大家在祂內也就成為一體了；聖體聖事最終的果實即是兄弟愛德。我們一起向天父奉獻愛的祭獻，這是最完美的兄弟愛德之外在行為。

如同在彌撒中所說的：「蒙召來赴聖宴的人是有福的」，由於聖體是愛德的食糧，所以每當我們熱心領聖體時，我們的愛德會成長，我們就更能活出真福八端——愛德的八個面貌。故此，領聖體的「真福」包含真福八端。我們真有福氣：藉著聖體，我們越來越能與被釘的耶穌一起活出真福八端！

如此我們就瞭解為何感恩祭是教會生活的高峰。雖然教會很鼓勵我們做各種慈善事業，它們是天主對世人愛的明顯標記，但教會生活的巔峰並不在於照顧窮人，而是熱心地舉行感恩祭。在彌撒時，教會於合一中與聖母一起參與耶穌十字架的祭獻，與耶穌結合成為奉獻給天父的愛之祭品，以與基督一起拯救世人；這是教會在現世所能做的最偉大之事。亞爾斯本堂聖維雅納神父說：「就算將一切善工加在一起，也及不上彌撒的祭獻，因為那些善工只是人的工作，神聖的彌撒

106

# 7 —— 最後晚餐

卻是天主的工作。」

耶穌在最後晚餐建立聖體聖事時說過：「你們應行此禮，為紀念我」（《路加福音》22：19），耶穌親自命令我們用這種方式紀念祂。紀念耶穌的主要方式不在於講道理或辦各種活動，而在於舉行彌撒聖祭，並且祂曾說過：「你們若不吃人子的肉，不喝祂的血，在你們內，便沒有生命。」（《若望福音》6：53）聖體聖事是天主父親自賜給祂的子女們的神性食糧、不可或缺的食糧及最奇妙的恩賜。關於這一點，聖若望保祿二世說過：「這恩賜雖然可貴，卻不能算是天主所賜予的許多恩賜中的一個，而應該說是最卓越的一項恩賜。」（《活於感恩祭的教會》11）但如今我們有時似乎忘記了教會的這個思想，甚至為了追求其它恩賜，而忽略了這份最卓越的恩賜；這種態度其實並不符合教會的精神。因此聖若望保祿二世接著說：「每一個成聖的承諾，每一個以實現教會使命為目標的活動，每一個牧靈工作計畫的實施，都必須從聖體奧蹟中汲取必須的力量，並以此奧蹟為其導向於高峰。在感恩聖事中，我們有耶穌，有祂贖罪的犧牲，有祂的復活，有祂所賜的聖神，我們有敬拜、服從和對天父的愛。要是我們不重視感恩聖祭，又將如何克服我們的缺點與不足呢？」（《活於感恩祭的教會》60）我們每個人都需

107

## 復活節的意義

要反省這一點：今天的我是否如同耶穌願意我愛聖體和感恩祭那樣熱愛它們呢？我努力善用這份恩賜好讓祂在我身上結果實了嗎？讓我們求聖神賞賜我們越來越熱愛聖體聖事，並且如同印度的聖女德勒撒姆姆所說的：參與每一台彌撒如同是我們一生中的第一台、最後一台和唯一的一台！

除了參與感恩祭與領聖體之外，這項最卓越的恩賜包含另一奇妙的面向，即它提供給我們朝拜的具體方法。天主願意我們朝拜聖體，如同聖奧斯定所言：「沒有人在恭領聖體前不先去朝拜的；我們若不朝拜它便不辭其咎。」（《聖詠漫談》98，9）關於這一點，教宗本篤十六世亦曾說過：感恩祭「是教會最重要的崇拜行動⋯⋯彌撒以外的朝拜行動，是延續和強化在彌撒禮儀中所進行的。」（《愛德的聖事》[3] 66）我們前面提過，在彌撒中我們與耶穌一起以心神以真理朝拜父；在彌撒中我們用外在的禮儀來表達內心的朝拜，而在彌撒外朝拜聖體時，我們則於心靈的深處默默朝拜耶穌，因為祂是天主並真實地臨在祭臺上，同時我們與耶穌一起朝拜父。我們前面提過，原來朝拜是在愛與感恩中承認天主是我們存在、生命及一切的根源，並把自己的生命奉獻給祂。「以心神以真理朝拜父」意指以精神上的愛朝拜祂──身體上的舉動和外

---

3. 2007年3月頒布的宗座勸諭，論感恩祭是教會生命和傳教事業的巔峰和泉源。

## 7 ── 最後晚餐

在的禮儀都是次要的,並且由於我們已認識了天主所啟示的真理,知道祂樂意收我們為義子,即賜給我們祂的天主性生命,因此我們不僅以受造物的身分朝拜賜給我們存在的造物主,並且也以愛子的身分朝拜將我們神化的父親。換言之,以心神以真理朝拜父就是在耶穌內、與耶穌一起,如同愛子那樣呼喊:「阿爸,父啊」,以最大的愛和感恩承認天父是我們無限仁慈的創造者與父親,我們願意以愛還愛,並藉由將一切奉獻給祂來光榮祂。這就是彌撒奧蹟的核心,也是朝拜聖體的重點,故此,在彌撒之外朝拜聖體確實是彌撒禮儀的延續。此外,為什麼本篤十六世還說它「強化」在彌撒中所進行的?我想是因為我們在短暫的禮儀中不容易深入所舉行的無限偉大的愛的奧蹟,所以我們必定要在彌撒外藉由個人的朝拜來加深和強化我們與被釘的耶穌之間的合一。

本篤十六世接著解釋,感恩祭在我們日常生活所結的果實即是「一切生活環節因著與基督的聯繫而被提升,成了獻給天主的祭品」。(《愛德的聖事》71) 基督徒「蒙召要時常按照這聖事的精神而生活,……使自己的生活成為呈獻於天主的自我奉獻,好藉著我們更新的生活,讓天主的勝利盡顯露於眾人前。」(《愛德的聖事》72) 如果我們熱心參與感恩祭,就能日益在日常生活中活出我們於彌撒

中所活的，即耶穌愛與慈悲的自我奉獻、祂愛的勝利，我們的每個行為因而能夠越來越成為父所悅納的祭品，並幫助別人認識天主的救恩。

## 耶穌給宗徒們洗腳

我們現在開始看《若望福音》關於最後晚餐所記載的：「在逾越節慶日前，耶穌知道祂離此世歸父的時辰已到，祂既然愛了世上屬於自己的人，就愛他們到底。」（《若望福音》13：1）若望從第13章開始講述耶穌的逾越奧蹟，而第一節是福音最後一部分的序言，若望以這句話告訴我們他後文所要講的都是耶穌如何回到父那裡，以及祂如何愛我們愛到底。這個部分對我們十分重要，因為耶穌為我們開路，我們要跟隨祂；祂如何回到父那裡去，我們也要怎樣回去；耶穌如何愛我們到底，我們也要怎樣愛我們的兄弟姐妹到底。二者是密不可分的。

天主第二位、聖言降生成人的目的並非永遠留在世界上，耶穌在世上只搭了三十幾年的帳篷（「聖言成了血肉，寄居在我們中間」，「寄居」一詞希臘原文是「搭帳篷」之意）。祂降生人世、真實地分擔了我們人類的一切，但幾十年後就

110

# 7 ── 最後晚餐

「正吃晚餐的時候──魔鬼已使依斯加略人西滿的兒子猶達斯決意出賣耶穌──耶穌因知道父把一切已交在祂手中，也知道自己是從天主來的，又要往天主那裡去，就從席間起來，脫下外衣，拿起一條毛巾束在腰間。」(《若望福音》13：2－4) 聖若望告訴我們耶穌非常清楚自己是誰、要做什麼，祂有些被動（祂接受猶達斯的出賣和惡人在祂身上所做的一切），但事實上這一切都在祂手中，祂是自願接受這一切，在祂的苦難中沒有任何人或事不在祂的手中。「父把一切已交在祂手中」，人類的救恩在耶穌的手中，祂非常清楚、心甘情願、自由且積極地面對祂要完成的救贖工程，因祂是為此而來到世界上。

回到父那裡，因祂的目的是為我們開路，向我們指出如何回到父那裡去，讓我們跟隨祂。祂這樣做也就是愛我們到底，因祂為了將我們帶到父那裡去、賜給我們聖神而犧牲了自己的性命。如同祂在最後晚餐中所說的：「人若為自己的朋友捨掉性命，再沒有比這更大的愛情了。」(《若望福音》15：13)

逾越奧蹟是從最後晚餐開始，耶穌給宗徒們洗腳：「耶穌就從席間起來，脫下外衣，拿起一條手巾束在腰間，然後把水倒在盆裡，開始洗門徒的腳，用束

## 復活節的意義

著的手巾擦乾。及至來到西滿伯多祿跟前，伯多祿對祂說：『主！你給我洗腳嗎？』耶穌回答說：『我所做的，你現在還不明白，但以後你會明白。』伯多祿對祂說：『不，你永遠不可給我洗腳！』耶穌回答說：『我若不洗你，你就與我無分。』西滿伯多祿遂說：『主！不但我的腳。而且連手帶頭，都給我洗罷！』耶穌向他說：『沐浴過的人，已全身清潔，只需洗腳就夠了，你們原是潔淨的，但不都是。』原來，耶穌知道誰要出賣祂，為此說：你們不都是潔淨的。」（《若望福音》13：4－11）

在此有一重要問題：耶穌給宗徒們洗腳究竟有何意義？首先值得我們注意的是，伯多祿的反應告訴我們，耶穌從未做過這樣的事。在耶穌與宗徒們三年之久的傳教生活期間，祂是師傅和主子；雖然祂一直為別人服務──祂說過：「因為人子，不是來受服事，而是來服事人，並交出自己的性命，為大眾作贖價」（《馬爾谷福音》10：45），但我想在那三年期間，耶穌一直都是以師傅的身分與人相處：門徒們都為祂服務，他們絕不允許耶穌做家務的！

然而在最後晚餐中，耶穌突然做這個舉動。我們曾說過不要以為耶穌的苦難與死亡只是祂生命的終結而已，因為在祂的苦難中，出現一項新的奧蹟。耶穌突

112

# 7 ── 最後晚餐

然間像奴僕一樣給宗徒們洗腳，這一新舉動有何意義呢？其主要包含兩種意義，並且二者是相連的。

第一種當然是服務。我們可能都有給別人洗腳的經驗，不只是在禮儀中、且在真實的生活中，給我們所服務的人洗腳；當我們這樣做時，需要跪在對方面前，因此他就比我們高。我們如同耶穌一樣故意貶抑自己，視對方比自己更重要，以成為他的僕人。

關於這件事，聖文生德保（味增爵）說過：我們為窮人服務時，應認為他們是我們的主人，並且我們不配為他們服務。這句話非常值得我們存之於心，因為它特別表達福音的精神，即耶穌在最後晚餐中的精神。在團體生活中，我們經常以各種方式為兄弟姐妹服務，有時很不容易，尤其是當我們出於愛德而認真、熱心地為團體服務時，如果沒有人說一句感謝的話，我們會在人性方面感到委屈，覺得別人對我們的努力不理解、不接納。但如果我們能按聖文生所指出的精神去服務，我們將會明白，其實我們做這些事並不應該期待別人的感謝、回報，因為我們不配為他們服務，是他們給我們一個服務的機會，這是我們的榮幸，我們應該感謝他們。雖然我們首先是為別人的益處而服務，但就某方面而言，更是為自

## 復活節的意義

己的益處，因為服事別人比受別人服事更容易成聖，而且耶穌說過：「施予比領受更為有福。」(《宗徒大事錄》20：35)

此外，耶穌給宗徒們洗腳也是一個象徵性的舉動，具有寬恕和潔淨的意義，這是為何耶穌對伯多祿說：「我若不洗你，你就與我無分」。意即如果你不接受我的寬恕，你跟我就沒有關係。因此耶穌給宗徒們洗腳，是十字架奧蹟的預報。耶穌以這種方式來準備宗徒們的心，使他們瞭解祂的苦難是祂為我們所做的最徹底服務。耶穌為赦免我們的罪，犧牲了自己的性命，藉著祂愛的服從、完美之愛的自我奉獻，天父得以寬恕我們的罪過。

「我若不洗你，你就與我無分」。對我們每個人而言亦然，為了得救且永遠跟耶穌在一起，我們需要接受天主跪在我們面前給我們洗腳。我們若不接受這一點，就會與耶穌無分；意即需要接受天主真的是為我這個罪人而降生成人、被釘死在十字架上。假使世界上只有一個罪人，天主子也會為了這個罪人而如此做。因此，我們每一位都可以如同聖保祿宗徒那樣說：「祂愛了我，且為我捨棄了自己。」(《迦拉達人書》2：20) 耶穌是因我的罪而受如此多的痛苦且死在十字架上。有時我們會有把天主子受難的責任推卸給別人的誘惑，認為耶穌是為所有的

114

# 7 ── 最後晚餐

人死在十字架上，自己只是其中一個。雖然這句話沒有錯誤，但其危險在於讓我們認為其實自己的責任並不大，反正大家都一樣，但事實上這是一種不負責任的態度。為能接受耶穌的寬恕，我們需要清楚地承認祂是為了我們自己而受難，而有時我們很難承認自己就是把耶穌釘在十字架上的罪人。

「我給你們立了榜樣，叫你們也照我給你們所做的去做。」（《若望福音》13：15）這是在四部福音裡唯一的一處耶穌說得如此明確：祂給我們立榜樣，要我們也像祂那樣去做。所以我們應該特別留心這件事，認真地接受耶穌給我們的命令：你們要彼此洗腳。在聖週四晚上的彌撒中會有很美的洗腳禮，然而我們都知道，舉行這禮儀非常容易，但在實際生活中真正去給我們身邊的兄弟姐妹洗腳，實則不易。

我們前面說過，耶穌要我們做的彼此洗腳的行為包含兩種意義，一是為我們的兄弟姐妹服務，二是為寬恕他們。我們也提到，寬恕是基督徒生活中最不容易的事情之一。雖然如此，但仍然是有必要的。一位驅魔神父認為缺乏寬恕就是一扇向魔鬼敞開的門。為什麼？聖若望保祿二世說過：「慈悲是『造物主』和『救世主』的最驚人屬性。」（《富於仁慈的天主》④13）教會的傳統思想為，天主首

---

4. 教宗若望保祿二世於 1980 年發布的通諭，呼籲教會推動宣講並見證仁慈。

115

## 復活節的意義

先是慈悲的；而慈悲最深的要求是寬恕。既然我們是按照天主的肖像而造，且天主的最驚人屬性是慈悲，因此慈悲便是在我們身上彰顯天主肖像的主要面貌。如果別人在我身上看不到慈悲，這就意味著也幾乎看不到天主的肖像了。魔鬼總是企圖毀滅在我們身上的天主肖像，因為牠自己毫無慈悲、沒有任何的愛，所以牠若可以使一個人變得如同牠一樣冷酷無情，這人準備跟牠一起喪亡。當人故意拒絕寬恕時，牠就非常高興；並且牠最高興的是這人準備跟牠一起喪亡。我想這就是為何缺乏寬恕是向牠打開的門，牠會特別攻擊這樣的人。

此外，還需強調的是，寬恕並非感覺上的問題，而是意志上的選擇，亦即當我願意寬恕傷害我的人時，並不等於我必定能夠忘記他所帶給我的傷害，或不再對他有反感。心理上的傷害和身體上的傷害是相似的，如果身體有一個大傷口，它需要很長時間才能癒合，心理上的傷害亦然，它無法立刻就痊癒。如果一個人感覺上受到很深的傷害，他會需要較長的時間才能從受傷的感覺中走出來。因此寬恕並不意味著不再有任何反感、受傷的感覺，或者完全忘記了這件事，而是無論感覺如何，為了耶穌的緣故，我們願意接納、願意愛傷害我們的人。

驅魔神父給我們一個標記：倘若我們可以為傷害我們的人祈禱，這說明我們

116

# 7 —— 最後晚餐

已經寬恕了他。當一個人令我們感到憤怒、受傷時,如果有別人來勸我們為對方祈禱,但我們因覺得他太過分而拒絕,這態度即是未寬恕的體現。反之,即便我們很受傷,但仍是願意為對方祈禱,這表示我們在意志上已經寬恕了他。

另一點更重要的是,我們可能把寬恕當做一種無視,就是假裝沒有發生這件事,我們不願意再想它,並努力恢復與傷害我們的人之間原有的關係:雖然對方傷害了我,但我還是願意如同以前一樣接納他、愛他。儘管這種寬恕勝於不寬恕,但還不是真正的寬恕。真正的寬恕不只是雖然你傷害了我,但我還是願意繼續接納你、愛你,並且是因為你傷害了我,所以我要更愛你。

努力不再想別人帶給我們的傷害是一種消極的態度,而真正的寬恕是積極的:我們願意善用傷害來更愛對方。顯然,若沒有耶穌的恩寵,我們都無法做到,我們會覺得這種積極的寬恕太難了,第一種已經夠難了,第二種根本做不到。我想這種想法是錯的,事實上真正積極的寬恕比消極的更喜樂。每當我們陷入消極的態度時,一點也不喜樂;只有當我們很積極地去愛、去關心和接納別人時,才會喜樂。積極的寬恕使我們喜樂地接納對方、愛對方,這是為什麼真正的寬恕更容易、更有意義:我們不斷前進,並利

117

## 復活節的意義

用對方給我們的傷害來愛得更深、更徹底。

我們應聆聽耶穌的這句話：「我給你們立了榜樣，叫你們也照我給你們所做的去做。」這不是建議，而是命令。如果我們不照做是有罪的，任何故意違反天主旨意的思、言、行為都是罪。我們省察時經常只做消極的反思，認為只要不做惡事就是好人，但這是錯誤的想法。好人並非只是不做惡事，而是要做好事。耶穌並不只是召叫我們不做惡事，而且召叫我們跟祂一樣行善，並且愛到底。

在《瑪竇福音》25：31－46記載的公審判中，耶穌責備左邊的人──準備進入永罰的人，不是因為他們做了惡事，耶穌並沒有說他們打祂、罵祂、欺負祂……而是責備他們沒有做到本應行的善事；最後的結果就是到永火裡去，這是耶穌親口說的。我們不可認為只有做惡事的人才會有這樣的結局，不做應該做的善事的人也會如此。我們中文版的感恩祭典有一欠缺之處──彌撒一開始的懺悔詞：「……我思、言、行為上的過失……」拉丁原文在「思、言、行為」之後還有一個詞：omissio，意思是我們沒有做到本應行的善事。明白這一點對我們很重要，免得我們只省察消極的部分──我是否在思、言、行為上做了惡事，而經常忽略積極方面──我是否努力如同耶穌一樣地付出愛，並主動關心、憐憫、幫助身邊的人？

118

# 7 ── 最後晚餐

這一點有助於我們擺脫消極、被動的心態，而成為積極喜樂的基督徒！

## • 猶達斯的出賣

「耶穌說了這些話，心神煩亂，就明明地說：『我實實在在告訴你們：你們中有一個要出賣我。』門徒便互相觀望，猜疑祂說的是誰。祂門徒中有一個是耶穌所愛的，他那時斜倚在耶穌的懷裡，西滿伯多祿就向他示意說：『你問祂說的是誰？』那位就緊靠在耶穌的胸膛上，問祂說：『主！是誰？』」（《若望福音》13：21－25）

耶穌給宗徒們洗腳後，願意他們分擔祂心中的痛苦祕密。耶穌原可以不說出來，但祂願意，這表示祂確實把宗徒們和我們每個人當做真正的朋友。我們不會將心中最個人的、痛苦的祕密輕易告訴普通的朋友，只會告訴知心朋友。耶穌真的把我們當做祂的知心朋友，且願意我們與祂一起背負內心的痛苦。

「祂門徒中有一個是耶穌所愛的，祂那時斜倚在耶穌的懷裡。」若望的姿態

## 復活節的意義

很特殊，他不可能輕易地這樣做；他之所以敢這麼做，乃是因為他知道這是耶穌對他的意願。這也是逾越奧蹟的一部分：耶穌願意祂所愛的門徒特別來接近祂，與祂親密相遇。若望似乎是第一次這樣做，這意味著在耶穌的逾越奧蹟中，即祂離開此世、回到父那裡去並愛我們愛到底時，祂特別渴望我們與祂之間建立更深更親密的關係，這是祂的旨意。可惜的是，很多基督徒，包含獻身者，似乎不怎麼理解耶穌的心。

我們有時只是做天主的僕人，而沒有做天主的朋友，這是一個很嚴重的問題。在最後晚餐中，耶穌明確地說：「我不再稱你們為僕人，因為僕人不知道他主人所做的事。我稱你們為朋友，因為凡由我父聽來的一切，我都顯示給你們了。」(《若望福音》15：15) 耶穌的旨意在於我們做祂真正的朋友，如果我們故意只做祂的僕人，而不做祂的朋友，便是違反祂的意願，教友如此還可以諒解，但獻身者若不做耶穌的朋友會是令人無法容忍的事；就如聖女傅天娜曾說過：「耶穌，當我放眼天下，看到人們對你漠不關心，不禁一次又一次感傷得熱淚盈眶；然而，當我反觀修會人士冷淡的靈魂時，我的心卻痛苦淌血。」(《日記》284) 渴望做耶穌的親密朋友，並非是我們個人主觀的憧憬，而是耶穌對我們

120

# 7 —— 最後晚餐

的旨意。如果我們不願意，就是拒絕祂對我們愛的召叫。

「那位就緊靠在耶穌的胸膛上，問祂說：『主！是誰？』」（《若望福音》13：25）若望的動作和話語並非追求享受被耶穌所愛的感覺，而是如同真正的朋友那樣願意分擔耶穌的痛苦。第二十三節中的「懷裡」和《若望福音》序言中的「懷裡」（那在父懷裡的獨生者）於希臘原文是同一個詞。因此若望在此暗示我們，他在最後晚餐中對耶穌的態度類似於天主子永遠在父懷裡的奧蹟，這是一種父與子的關係；若望如同一個小孩子一樣斜倚在耶穌懷裡，他之所以敢這樣做，是由於他完全信賴耶穌對他的無限慈愛，而且他知道耶穌格外喜歡門徒們這樣親近祂。因此讓我們加倍努力，更加渴望如同若望一樣，成為耶穌真正的朋友，與祂親密相遇；並非想要享受什麼，而是願意分擔祂的苦難，以便達到與祂最深邃的愛之結合。

值得注意的是，雖然《若望福音》沒有記載耶穌在最後晚餐中建立聖體聖事，但愛徒的舉動已直接涉及到耶穌在聖體內的臨在和愛的自我給予。若望在當時能摸到耶穌、具體地斜倚在祂的懷裡，我們現在無法那樣做，但我們有聖體聖事。聖體是耶穌的真身體，是祂真實而充滿愛情的臨在；因此，我們應該特別

121

## 復活節的意義

依靠聖體來活出若望與耶穌之間的親密關係。關於這點，聖若望保祿二世說過：「臨在於聖體櫃內的耶穌，應成為一個吸力焦點，吸引越來越多愛慕祂的靈魂；他們有足夠的耐力，長時間留下來聆聽祂的聲音，甚至感受到祂聖心的搏動。」（《主，請同我們一起住下罷》）[5]

多年前，我曾給一些孩子上道理課。我問他們耶穌什麼時候被舉起來，一個小女孩舉手回答說：「在彌撒中，神父舉揚聖體的時候，耶穌就被舉起來了！」當時我覺得她很可愛，我笑著給他們解釋，耶穌是在十字架上被舉起來。但課後，我思索著其實這個小女孩說得很正確，因為彌撒聖祭就是十字架的奧蹟。教會規定成聖體後神父舉揚聖體，即是邀請教友們瞻仰並朝拜被高舉的耶穌。同樣，在彌撒之外朝拜聖體時，我們所面對的確實是被舉起來的耶穌。「當我從地上被舉起來時，便要吸引眾人來歸向我」，因此聖體內的耶穌特別能吸引我們，並使我們斜倚在祂的懷裡。為我們而言，完全被父的愛所攫取的耶穌最富吸引力，因為我們都渴望和祂一起、如同祂一樣地往父那裡去，並永遠安息在父懷裡。

「猶達斯出去以後，耶穌就說：『現在人子受到了光榮，天主也在人子身上

---
5. 2004年聖體年牧函，由教宗若望保祿二世頒布。

## 7 —— 最後晚餐

受到了光榮,天主既然在人子身上得到了光榮,天主也要在自己內使人子得到光榮,並且立時就要光榮祂。」(《若望福音》13:31–32)聖經中的這一處似乎是最多「光榮」的章節,簡短的兩句話就出現五次「光榮」。我們說過,在避靜的這幾天,應努力瞭解何謂耶穌在逾越奧蹟中的新光榮,因為在第十二章有天父的聲音說:「我已光榮了我的名,我還要光榮。」(《若望福音》12:28)在耶穌的生活中,早已有光榮,但在逾越奧蹟裡,耶穌和父的名都受到新的光榮;因此我們應該特別注意耶穌的這番話。

「猶達斯出去以後,耶穌就說:『現在人子受到了光榮』」,所以祂的新光榮和猶達斯的出賣有直接的關係,這是很奧妙的事。在人性方面沒有人會認為被知心朋友背叛是一種光榮,但對耶穌而言確實如此。如何理解這事?

第一種解釋為,耶穌很清楚叛徒一旦出去,祂很快就要開始受難,而受難後必然會復活,因此祂現在就可以說祂已經受到了光榮。但也可以從另一個角度來理解,即猶達斯的背叛本身,使耶穌當下就受到光榮。為什麼?從人性的角度來看,最令人受傷的事,應該是一個知心好友的背叛,而耶穌的確以獨特的方式愛猶達斯,如同祂以獨一無二的愛,愛每一位宗徒一樣。耶穌不是假裝接納猶達

## 復活節的意義

斯,因為在耶穌身上沒有任何虛偽,祂確實把猶達斯當作祂的知心朋友。我們愛得越深,就越容易受傷,耶穌的心比我們任何人的心都更為敏感、更易受傷。所以猶達斯的背叛給耶穌帶來非常深的傷害。

猶達斯對耶穌的愛、友誼和仁慈一直拒絕到底。最後耶穌蘸了那塊餅、遞給他——這是友愛的一種表現,猶達斯表面上接受了,但他並沒有真正如同朋友那樣接受,所以撒旦進入了他的心。「你所要做的,你快去做罷!」(《若望福音》13:27)為耶穌而言,猶達斯出賣,便意味著祂的朋友已經決定出賣自己。面對這件事,耶穌必然願意以無限的慈愛寬恕猶達斯,在祂心中沒有任何惱恨與報復:你既然這樣對我,我就讓你下地獄!最令耶穌痛苦的是人靈的喪亡,祂說過:「使這些小子中的一個喪亡,決不是你們在天之父的意願。」(《瑪竇福音》18:14),所以祂絕不希望猶達斯下地獄。

面對猶達斯的出賣,耶穌以最大的愛來接納他、寬恕他,但猶達斯似乎沒有回應耶穌對他的慈愛。的確,無論我們犯了什麼罪,耶穌總是願意寬恕,但從另一個角度來看,寬恕是有條件的,即需要我們承認自己是罪人,並且願意接受天主的寬恕。如果我們拒絕天主的仁慈與寬恕:「我做我自己就好了,我不需要你

124

# 7 ── 最後晚餐

的仁慈」，我們就不會獲得寬恕，不是因為天主不寬恕我們，而是我們不願意接受祂的寬恕。耶穌最樂意寬恕猶達斯，但猶達斯在那時似乎沒有接受。

我們因而可以理解：「現在人子受到了光榮」在於耶穌心中的慈悲之愛的大勝利。面對猶達斯的出賣，耶穌願意以無限的慈愛接納他、寬恕他。若望當時可能已瞭解耶穌的意思，但其他宗徒卻不明白猶達斯為什麼出去，更不瞭解耶穌這話的含義。耶穌為什麼說「光榮」？因為任何一種勝利都包含某種光榮（在人性方面，最明顯的光榮即是軍隊的勝利）。面對魔鬼在猶達斯心中所做的惡事和猶達斯極度的邪惡，耶穌以更大的愛來戰勝它們。

當有人刻意傷害我們時，如果我們報復、以惡報惡，我們就上了魔鬼的當、被打敗了，而這一點也不光榮；反之，如果我們以更大的愛來面對這些傷害，接納並寬恕對方，那麼這便是我們的勝利。我們說過，真正的寬恕在於願意利用對方對我們造成的傷害來更加愛他。這即是內心的愛與仁慈的大勝利，因而也可說是一種光榮。故此，耶穌因以無限的慈愛來接納猶達斯的出賣而受到了無比的光榮，這不是常人所追求的光榮，而是真正的、最大的光榮，即以愛勝惡的光榮。

「天主也在人子身上受到了光榮。」由於耶穌是靠著天主的恩寵才能在人性

## 復活節的意義

上活出這樣的愛、以無限的愛戰勝邪惡,因此耶穌的勝利也就是天主在耶穌身上的勝利。的確,耶穌的聖人性上擁有受造的恩寵,如同《若望福音》序言所說的:「我們見了祂的光榮,正如父獨生者的光榮,滿溢恩寵和真理。」(《若望福音》1:14)祂本來因充滿恩寵而得享光榮;所以在最後晚餐時,人子受到了光榮也是由於恩寵;天主也在祂身上受到了光榮,因為天主的愛在耶穌身上戰勝了魔鬼和邪惡。為我們亦然,每當我們以愛勝惡時,天主在我們身上也得到光榮,因為我們是完全依靠祂的恩寵才能戰勝罪惡,我們的勝利是天主在我們身上的勝利。

「天主既然在人子身上得到了光榮,天主也要在自己內使人子得到光榮,並且立時就要光榮祂。」因著猶達斯的出賣,耶穌已經在心靈深處以愛勝惡而受到光榮了,但在祂的苦難中,祂還要受到更大的光榮,因為藉由痛苦和死亡,愛的勝利會從心靈深處擴散到祂靈魂與肉身的全部,祂整個人都會成為愛的祭品。耶穌在祂的苦難中以愛的全然自我奉獻而戰勝邪惡,這即是祂苦難中的大勝利與光榮。在十字架上耶穌確實大獲全勝了,因犧牲自己為光榮天父並拯救我們是祂愛的勝利。莫以為耶穌復活後才得到光榮,耶穌的苦難本身就是光榮的,而祂肉身

126

# 7 —— 最後晚餐

的復活是祂光榮苦難的果實：第三天耶穌復活了，以證實祂在十字架上真的大獲全勝了。

我們已開始瞭解：耶穌逾越奧蹟中的新光榮在於以無限的愛戰勝各種痛苦與邪惡。大司祭的祈禱（參閱《若望福音》17）將使我們更深入瞭解這無限愛情的奧蹟，但我們需要先聆聽並遵守耶穌留給我們的彼此相愛的新命令。

## • 彼此相愛的新命令

我們現在試著瞭解新命令的真正意義，尤其是它與耶穌的光榮苦難之間的關係。「孩子們！我同你們在一起的時候不多了；以後你們要尋找我，就如我曾向猶太人說過：我所去的地方，你們不能去；現在我也給你們說。」（《若望福音》13：33）耶穌的時辰到了，但宗徒們的時辰尚未來到，他們還沒有準備好跟耶穌一起去祂所去的地方，即和祂一起往父那裡去。

因此他們該做什麼呢？「我給你們一條新命令：你們該彼此相愛；如同我愛了你們，你們也該照樣彼此相愛。」（《若望福音》13：34）耶穌的意思似乎是問

## 復活節的意義

徒們必須先學習彼此相愛，才能準備好跟耶穌一起去。對我們而言也是如此，除非我們真心願意如同耶穌愛別人，不只在言語上，並且是真真實實地在日常生活中關心、接納我們的兄弟姐妹，並付出我們的愛，否則我們無法準備好跟隨耶穌一直到十字架下，亦即準備好為愛天主而受苦致死。不愛別人的人絕不會殉道，倘若他自以為能夠殉道，那就是自欺欺人。

因此兄弟愛德對我們格外重要。我們永遠不會過於強調兄弟愛德，因我們永不會像耶穌一樣重視它，且無法完全瞭解祂多麼渴望門徒們真誠地彼此相愛（同時，我們需要對兄弟愛德有正確的觀念，以免在愛人方面誤入歧途）。況且耶穌用「命令」這一詞：「我給你們一條新命令，你們該彼此相愛，如同我愛了你們。」祂在最後晚餐中三次提及這條命令，這說明它對我們何等重要。

我們曉得：任何違反天主誡命的思、言、行為都是犯罪。因此，讓我們求耶穌，使我們真正接受祂離世之前留給我們的這份遺囑，意即將之視為命令，既然是命令，就必須去實行。修會的貞潔、貧窮和服從三願是非常好的，但教會認為它們只是「勸諭」，亦即它們不是所有基督徒應遵守的誡命，而是耶穌勸勉某些

128

## 7 ── 最後晚餐

人用以追求完美的愛德。如果耶穌召叫我們藉由這些非常美好的方法來跟隨祂，我們千萬不要拒絕這一偉大的恩賜，但三願並非目的，而是方法，愛德才是目的。因此彼此相愛的命令較之三願更為重要，會士應善用三願來學習兄弟愛德。

誠然，三願的首要目的並非愛別人而是愛天主。獨身、度貧窮和服從的生活，其主要目的在於全心、全靈、全力、全意愛天主在萬有之上。既然我們越愛天主也就越能夠愛人，所以我們的聖願也就特別能幫助我們愛別人。因此，我想我們可以說兄弟愛德是三願的目的。如果一個會士自以為度好三願生活，但忽略兄弟愛德，那麼他就是一個「法利塞精神」的虛偽會士。他在遵守服從的方式上尤其不正確，因為他服從給他出小命令的長上，卻不服從給他出愛別人的大命令的天主！他遵守貞潔願的方式也不正確，因為真正的貞潔不在於自我封閉，而在於如同耶穌愛我們那樣愛所有的人。

此外，耶穌為什麼說「新」命令了嗎？關於這個問題有不同的看法，我僅簡單說明其中一種。「愛人如己」在於把我們對自己的愛當作對別人之愛的標準。我想可以用兩句話來總結「愛人如己」，其一是舊約的話（孔子在《論語》中亦曾論及到）：「己所不欲，勿施於

129

人」、「你厭惡的事，不可對別人做。」(《多俾亞傳》4：15) 這是消極方面，但它的確是兄弟愛德最基本的要求。有時度三願生活的人連這一點也做不到。其二是耶穌所言、積極的話：「凡你們願意人給你們做的，你們也要照樣給人做。」(《瑪竇福音》7：12) 眾所周知這也很不容易做到。這兩句話都要求我們對待別人如同對待自己一樣。

因此，耶穌所謂的新命令，可以理解為愛別人的標準不再是我們對自己的愛，而是耶穌對人的愛。那對我們說：「你們該彼此相愛，如同我愛了你們一樣」的耶穌，就是為拯救罪人而降生成人的天主，祂是那位給宗徒們洗腳，建立了聖體聖事，準備去受難的耶穌。因此，對基督徒而言，兄弟愛德的標準便是耶穌的苦難，以及祂在聖體內毫無保留地自我給予。這標準比「愛人如己」的標準更為高超。耶穌的門徒應該追求、渴望越來越如同十字架上的耶穌、聖體內的耶穌愛我們一樣地愛兄弟姐妹。

雖然如此，需強調的是，天主的啟示包含一種順序和教育。從亞巴郎到耶穌，天主逐漸教育了祂的選民，而祂在兄弟愛德上的教育是從「愛人如己」開始，直至如同耶穌一樣彼此相愛的新命令。耶穌的新命令包含並超越愛人如己的

# 7 ── 最後晚餐

命令，但為能遵守新命令，我們必須時常將「己所不欲，勿施於人」與「凡你們願意人給你們做的，你們也要照樣給人做」這兩句話存放心中。雖然我們意志上的意向應是如同耶穌那樣愛人，但我們也不能忽略愛人如己的要求。如果我們想要蓋一座高樓，卻沒有打好地基，它會有坍塌的危險。有時我們想得很美好：我要如同耶穌一樣為別人捨命，但卻不想為別人服務；我們懷有非常崇高的理想，但我們連生活的基本要求、對身邊的家人或團體中的兄弟姊妹的基本尊重都做不到！我們不得不注意這一點，意向需要是清晰的，即我們要愛別人如同耶穌愛他一樣，但我們首先需要學習尊重、接納、聆聽及關心別人，否則我們崇高的愛德便是虛假的。就如聖若望所說的：「誰若有今世的財物，看見自己的弟兄有急難，卻對他關閉自己憐憫的心腸，天主的愛怎能在他內？」（《若望一書》3：17），亦即理想雖崇高又美好，但身邊的人有需要，卻置身事外。

我們再回到耶穌的新命令：「你們該彼此相愛，如同我愛了你們一樣。」當我們聽到這句話時，應立即詢問耶穌：「我如何才能如同你那樣愛別人？為我真是遙不可及。」聖女小德蘭有過類似的省思：耶穌給我們這樣的命令，且祂知道我們罪人無法做到，我們不可能憑自己人性的能力如同祂那樣去愛；但耶穌不會

131

## 復活節的意義

要求我們做不可能的事，因此祂自己必定會來到我們心中愛別人。我們別無他法，只能求耶穌在我們身上去愛；祂自己說過：「離了我，你們什麼也不能作」（《若望福音》15：5）。耶穌的命令意味著祂願意在我們內生活，祂要我們求祂在我們心中去愛。如同彌撒中所說的：「藉著基督，偕同基督，在基督內。」藉由恩寵，耶穌真實地住在我們內，並在我們內生活。儘管我們感覺不到這奧蹟，但我們確信這是事實，並且唯有住在我們內的耶穌才能使我們如同祂那樣去愛。

雖然我們首先必須求耶穌在我們內愛，但我們也需要積極配合祂的這份恩賜，意即努力瞭解耶穌是如何愛我們。我們前面說過，這位命令我們彼此相愛的，是為罪人而降生成人、給宗徒們洗腳、建立聖體聖事、做我們的食糧、準備去受難的耶穌；基本上兄弟愛德的標準就是耶穌的苦難，但這樣說仍有點籠統，我們需要更詳細地研究新命令所蘊含的愛之要求。《聖若望福音》記載，耶穌在最後晚餐中的話語有助於我們更深入瞭解這項奧蹟。（參閱《若望福音》13：34；15：12、17）。這三次的上下文似乎給我們揭示兄弟愛德的三個特點。

132

# 7 ── 最後晚餐

第一個特點是服務。第十三章告訴我們的：耶穌給宗徒們洗腳之後，立刻說：「我給你們立了榜樣，叫你們也照我給你們所做的去做，你們現在要彼此相愛，如同我愛你們一樣。」這是兄弟愛德的第一方面：如同耶穌一樣無條件地服務，直到死於十字架上。具體而言，這涉及到我們日常生活瑣事，我們可以用各種方式為他人服務。教會有一傳統思想：基督徒的慈悲服務包含七種形哀矜與七種神哀矜，比如祈禱是神哀矜中的一種，一個人在自己的房間祈禱，很真實地全心為人類的救恩而把自己奉獻給天主，這是偉大的兄弟愛德行為。

第二個特點是我們願意對方在天主內生活，這一點也是最重要、最關鍵、最特殊的。兄弟愛德的主要特色在於我們願意幫助彼此愛天主、成聖。為什麼？因為真正的愛尋求對方的幸福，而人最深的幸福則是做天主的朋友。這是人存在的最終目的，我們存在的目的不只是在此世過好日子，更在於與天主共融。因此我們需要特別注意這一點，持續加強我們意志上的這份意向：我願意幫助對方成聖，否則我的愛就不是真正的基督徒的愛德。

雖然教會非常重視服務，尤其是慈善事業，此乃教會的光榮，但這種外在服務的危險在於我們可能會逐漸忘記服務的初衷。例如，姐妹為客人做飯，這本來

## 復活節的意義

是一種形哀矜⑥：「我餓了，你們給了我吃的」(《瑪竇福音》25：35)，當她做得很美味，可能就會有一個危險，讓客人在人性方面有樂不思蜀的誘惑，她自己也會有虛榮的誘惑——讓他們覺得自己是個頂級廚師，漸漸地，她的目的不再是幫助客人更好地避靜、接近天主。因此，我們行愛德時，目的一定要很清楚，不只是滿足別人本性上的需求，更是幫助他們往天主那裡去。

如果兩個人在耶穌內這樣彼此相愛，便會形成他們之間的「聖德盟約」：他們願意幫助彼此成為耶穌的真正朋友、一起成聖，這就是真正的愛德。在團體生活中也是如此。任何團體都有其共善，即大家一起追求的目的。比如房地產公司的共善就是蓋房子，而修會團體的共善則是聖德，它包含團體成員與所服務之人的聖德。儘管團體有其工作，但團體的共善不在於發展事業，而在於一起成聖，並幫助我們所服務的人成聖。

理論上我們都明白這個道理，但同時也知道在實際生活中很難做到。我們很容易把兄弟愛德本性化，尤其是在團體生活中，因而陷入各種本性的關係和行為中，對大家都很不好。這個問題的主要原因之一是由於我們在生活中，並非如同耶穌那樣愛別人、願意和對方一起到父那裡去，而只是停留在人性上、表面的和

---

6. 哀矜（works of mercy）是一種施與，有形哀矜（物質上的）、神哀矜（靈性上的）兩種。

# 7 —— 最後晚餐

諧。對於這一點，無論是度家庭生活的教友、會士修女或牧者，都應特別留心。

第三個特點是如同朋友那樣彼此相愛。耶穌說過：「我稱你們為朋友，你們該彼此相愛，如同我愛了你們一樣。」（參閱《若望福音》15：12－15）對於我們稱之為「朋友」的人，不是膚淺的尊重，而是從心靈深處愛慕對方，在意志上選擇他做我們塵世旅途上的良伴，並願意與他分享天主的事，因為朋友的一個重要特色即在於彼此分享內心的祕密。

一位修會的神師很憂傷的對他的弟兄說：「我們這個團體如同機器人那樣彼此相愛！」什麼是機器人？就是沒有任何內在性、沒有靈魂、沒有心、沒有真正的愛、沒有感情，只有外在的死板動作。像機器人那樣彼此相愛，意謂不是從心靈深處發出的真情，而是表面上的應付。耶穌絕不這樣對待人，祂非常渴望和每個人建立深切的友誼；我們在許多聖人聖女身上也都能看到這一點：他們常是以最真誠的友情對待他們所遇到的每個人。

我們要愛仇人，也要我們在人性上不喜歡的兄弟姐妹，因為兄弟愛德不一定包含人性上的好感。有時我們對這樣的人沒有任何人性的感情，但我們確實願

135

## 復活節的意義

意很真實地如同耶穌那樣愛他，不是表面的假裝，而是真的關心對方，並在祈禱中熱心地為對方的聖德而將自己完全奉獻給天主，且願意與對方分享天主的事。儘管我們沒有人性的好感，甚至有時在人性上有厭惡對方的感覺，但這樣的行為是真正的愛德。因此，兄弟愛德如同一份超性的友誼：我們為了耶穌的緣故而願意全心、真誠地愛別人。

我在此想特別強調一件事：只有彼此信任的人，才會如同朋友那樣彼此相愛，因為我們若不是很信任對方，就不會真正願意聆聽他，並與他分享我們心中的「祕密」；因此，信任是活出真實的兄弟愛德的條件。然而信任別人很難，因為一旦對方傷害了我們，我們就會開始懷疑他是否有不好的企圖，或不喜歡我們，或做了我們無法理解的事時，因而我們會想要與對方「保持安全距離」，以免受傷、受騙、受委屈，或各種其它問題，或必須承受對方帶來的各種「麻煩」。這種事情非常普遍，尤其是在修會團體中，然而後果卻是很嚴重的：我們再也無法真實的從心靈深處愛、接納、寬恕兄弟姊妹，更不願意向他們敞開我們的心。如何克勝魔鬼的狡猾誘惑呢？首先，我們需要求聖神使我們以耶穌的眼光看對方：他和我們一樣，儘管是軟弱的罪人，但並不是陰險的惡人！同時，我們也應時常

136

## 7 ── 最後晚餐

記起天主使我們相遇並一起生活，為的是要我們全心彼此相愛；因此為了耶穌的緣故，我們願意信任對方。即使我們對他有過負面的經驗，但我們願意再次信任他，意即願意相信：無論如何，他心靈深處的意願是善的。

有時我們發現對方在某些方面確實有問題、不可靠，那麼我們在那些方面就應保持謹慎、機警的態度，但這並不影響我們對他的深切信任：他是我們在基督內的兄弟或姐妹，我們確信他是善人，並願意繼續與他同行。讓我們求天主賜給我們信任別人的勇氣，因為彼此間的信任能深深地改善我們的團體生活，以及我們在教會內的人際關係！當然，我所說的這種深切信任不是針對所有的人，而只是針對我們在教會內認識的兄弟姐妹；我們不認識的人，或我們確定是有惡意的人，就不能如此信任，也不該這樣信任，耶穌說過：「你們要機警如同蛇，純樸如同鴿子。」（《瑪竇福音》10：16）

因此，兄弟愛德乃是為了耶穌的緣故，且完全倚靠祂，願意如同知心朋友那樣愛對方，並無條件地為對方服務、犧牲，以便與他一起成聖、往父那裡去。

最後，我們看伯多祿的反應：

## 復活節的意義

西滿伯多祿問耶穌說：「主，你往哪裡去？」耶穌回答說：「我所去的地方，你如今不能跟我去，但後來卻要跟我去。」伯多祿向祂說：「主！為什麼現在我不能跟你去？我要為你捨掉我的性命！」耶穌答覆說：「你要為我捨掉你的性命嗎？我實實在在告訴你：雞未叫以前，你要三次不認我。」（《若望福音》13：36－38）

伯多祿在此表現的是選擇性記憶：他只記得耶穌方才說過祂要走了，而宗徒們不能跟祂一起去；伯多祿似乎沒有把耶穌的新命令放在心中。他似乎跟耶穌說：「你別跟我說我要愛別人，我只想知道你要去哪裡。」他對彼此相愛的命令絲毫不感興趣。於是耶穌預言他的三次否認，耶穌似乎回答他：「出於你的驕傲、不願意愛人，今晚你將會跌倒。直到你悔改、遵守我的新命令，才能跟隨我。」我們有時跟伯多祿一樣，只想跟隨耶穌但不喜歡彼此相愛的命令，因為耶穌的無限美善極為吸引我們，而兄弟姐妹們都很糟糕……我們切願跟隨耶穌，卻不願意愛別人。但耶穌要求我們先愛別人，否則就不可能跟隨祂。為什麼？因為努力具體地愛我們看得到的人，乃是學習真正地愛那看不見的天主的獨一無二的

138

## 7 —— 最後晚餐

法門：「那不愛自己所看見的弟兄的，就不能愛自己所看不見的天主。」（《若望一書》4：20）我們不但要在理智上明白這一點，也要在生活中去體驗。除非我們真正的愛別人，否則我們無法做耶穌的門徒。

我最後想特別強調一點：兄弟愛德固然極其不易，但它卻會帶給我們很深的喜樂，讓我們求耶穌使我們時常體會到彼此相愛的喜樂！

# 8 ── 愛子的祈禱

## 復活節的意義

《聖若望福音》第十四至十六章記載，耶穌在最後晚餐中，對宗徒們講論關於祂與父的關係、護慰者聖神、兄弟愛德和教會的許多重要話語；接著，進入第十七章——耶穌受難之前所做的祈禱，也是最隆重、最長的一次祈禱。它與耶穌的苦難有直接的關係，而且它特別能幫助我們回答這幾天提到的兩個重要問題，其一：耶穌的苦難與我們的救恩之間究竟有何關係？其二：在耶穌的逾越奧蹟中，祂受到了新光榮，何謂「新光榮」？並且我們將會發現這兩個問題其實是相連的。耶穌之所以告訴我們這些事，是由於祂願意我們參與這具有救恩能力的光榮逾越奧蹟。

耶穌講完了這些話，便舉目向天說：「父啊！時辰來到了，求你光榮你的子，好叫子也光榮你：因為你賜給了祂權柄掌管凡有血肉的人，是為叫祂將永生賜給一切你所賜給祂的人。永生就是：認識你，唯一的真天主，和你所派遣來的耶穌基督。我在地上，已光榮了你，完成了你所委託我所作的工作。父啊！現在，在你面前光榮我罷！賜給我在世界未有以前，我在你前所有的光榮罷！」（《若望福音》17：1－5）這幾句話把我們帶向逾越奧蹟的最深處。「耶穌講完

## 8 —— 愛子的祈禱

了這些話，便舉目向天說：『父啊！時辰來到了⋯⋯』。」「舉目向天」是一個象徵性的動作，因為天主不在上面。耶穌的這個動作代表天父的超越性：祂是完全超越這個世界的那一位；雖然祂是世界的根源，卻不屬於這世界，祂是完全聖潔、光明及愛的天父，而耶穌準備離開這個世界回到祂那裡去。

泛神論是一個古老的異端，其主張包括神就是萬物的本體。如今也有一些人有相似的思想，他們把天主視為一種宇宙萬能的能量，這是異端道理。天主完全超越宇宙，祂有絕對的超越性；但同時由於祂是造物主、一切受造物存在的根源，因此，祂以某種方式臨在於受造物內，祂比所有受造物更接近這個世界，因祂無所不在，處處都在。我們需要秉持這兩點：一是祂超越世界，二是祂最接近世界。

我也趁這個機會提出一個很重要的問題。我們有時會聽到這種或類似的說法：我需要天主給我正能量！我想這種表達方式不是很恰當。天主願意給的首要恩賜不是正能量，而是祂自己的生命，即恩寵，如同《聖若望福音》的序言所說的：「從祂的滿盈中，我們都領受了恩寵，而且恩寵上加恩寵。」（《若望福音》1：16）聖保祿在其書信的致候辭中從未說過：願天主賜給你們正能量，而是

## 復活節的意義

說：「願恩寵與平安……」（《羅馬人書》1：7；《格林多人前書》1：3；《格林多人後書》1：2……）。兩者之間有天壤之別：正能量是屬於人性和自然界的，天主性生命則是一個完全超越人性的奧蹟。天主藉由恩寵生了我們，且住在我們內，使我們成為有分於天主性體的人。恩寵的目的不在於賜給我們正能量，而是使我們成為天主的子女，使我們得以如同耶穌一樣愛天父，並為了祂的緣故，把所有的人當做是我們的兄弟姐妹來愛。雖然恩寵也會在某種程度上治癒我們人性的創傷，但這並不是恩寵的主要目的。

由於在我們心中根深蒂固地懷有對地上樂園——完美的和諧、毫無痛苦的狀態——的懷念，所以我們需要注意：天主藉基督的逾越奧蹟所賜給我們的恩寵，即基督徒恩寵，與原始正義恩寵很不一樣；後者曾使亞當和厄娃在圓滿的和諧中作天主的子女，而基督徒恩寵則使我們在軟弱、考驗、誘惑與各種痛苦中作天主的子女，如同十字架上的耶穌一樣。換言之，耶穌來不是為使我們回到地上的樂園，而是為賜給我們更好的一份，即我們與祂一起被釘在十字架上，以分享祂與天父之間的關係。我們在耶穌內、並藉由痛苦，得以比樂園中的亞當更有福，因為我們更接近天主。我們的基督徒恩寵比原始正義的恩寵更為美好，如同復活前

144

# 8 —— 愛子的祈禱

夕彌撒中的復活宣報所說的：「幸運的罪過啊！你竟然為人賺得了如此偉大的救主！」瞭解這一點會幫助我們在不知不覺中、越來越想利用天主解決我們所有的問題，好能回到「樂園」，因為我們也會在不知不覺中、越來越想利用天主來滿足我們人性的各種需求，而不再追求度天主子女的超性生活，不再思念天上的事，不再為愛天主而生活，不再願意與耶穌一起背十字架。

「父啊！」——耶穌的祈禱是愛子的祈禱。中文聖經的標題是「大司祭的祈禱」，不過聖經的標題和章節並不是聖經原文——意即在聖神的默感之下寫的——而是後人加上去的。耶穌確實是我們的大司祭，因此標示「大司祭的祈禱」並沒有錯，但在這一祈禱中，耶穌屢次說出：「父啊！」並稱自己為子，所以這個祈禱首先是作為愛子的耶穌向祂的父所作的祈禱，因此，也可稱為「愛子的祈禱」。在山園祈禱時，耶穌說：「阿爸！父啊！」《聖若望福音》沒有記載耶穌的山園祈禱，但它所記載的耶穌受難前的祈禱，也彰顯祂在苦難中以愛子的身分面對天父。

「時辰來到了，求你光榮你的子，好叫子也光榮你。」我們首先需要注意的是耶穌求天父賜給祂光榮的目的是為光榮父，光榮父是耶穌聖心最深的渴望。

145

## 復活節的意義

天主不是永恆不變的嗎？天主的光榮能改變嗎？天主聖三的內在榮耀確實永恆不變，但受造物可以增加天主的外在榮耀，意思是天主自己不會變，但當受造物接受天主對他們愛的計畫，當他們按照天主愛的旨意去回應祂的召叫而分享祂的幸福時，天主就在他們身上受到光榮。從這個角度來看，耶穌可以光榮父，我們也可以與耶穌一起給天主帶來光榮。

在我們的生活中，最偉大的事莫過於光榮天主，這是非常令人驚訝和震撼的。我們是卑微的受造物、無用的僕人、罪人、可能是不被重視或受人歧視的人，但在耶穌內、依靠祂，我們卻有能力光榮天主父。這比世界上任何一種光榮的事更為光榮，比任何一種偉大的事更偉大。瞭解這一點對我們、尤其對度純默觀生活的人非常重要。在某些人的心目中，後者是社會的寄生蟲——他們不結婚生子、不工作，似乎對社會毫無貢獻可言，而且是一輩子度這樣的生活。但事實上他們每天完成最偉大的事，即光榮天主。當然有人會認為這是自欺欺人的話，但有信德的基督徒曉得這是真的，我們一輩子在天主面前以最大的愛把自己完全奉獻給祂，這就是光榮祂。

事實上，默觀者對社會的貢獻很大，他們提醒世人，人的幸福不在於財富名

146

# 8 —— 愛子的祈禱

譽，而在於追求精神上的事物、發展靈性生命。缺乏默觀者的社會會因其只看重金錢與效率而變得可怕。同樣，社會也很需要無法工作、賺錢的殘疾人、病人及老人等；這些外表上沒有用的人的存在提醒我們，人生命的意義不在於金錢與效率，而在於愛。

在我以前服務的地方，有一位殘疾的女教友，神父給她的洗名叫「Laetitia」（意為「喜樂」）。她是一個在各方面都很貧窮的鄉下人，一輩子什麼也沒做，但她是我們中最喜樂的人。她對我們這些經常遇過於嚴肅和容易憂愁的人很有幫助：只要她在，大家就會喜樂！若我們經常遇到這樣的人，我們也會受其小孩子般的喜樂所感染。

耶穌的主要目的是光榮天父，但為能光榮父，祂先需要被父所光榮。如何瞭解這光榮？耶穌說：「父啊！現在，在你面前光榮我罷！賜給我在世界未有以前，我在你前所有的光榮罷！」（《若望福音》17：5）這句話告訴我們天主還未創造世界以前，天主子——天主第二位，在天主父面前有某種光榮。關於這一點，我們應該看第24節的最後一句：「你所賜給我的光榮，因為你在創世之前就愛了我。」意指在創世之前，除了天主聖三外、什麼都沒有的時候，父賜給子

147

## 復活節的意義

某種光榮，並且此光榮來自父對子的愛。

如何理解天主聖三內的這一奧祕呢？雖然我們無法完全瞭解聖三的奧祕，但耶穌的這些話可以幫助我們碰觸到這永恆的愛之奧祕。教會告訴我們天主聖三的奧祕基本上是天主父──第一位，默觀自己，並在默觀中生祂的聖言、愛子──第二位；聖子是聖父的完美肖像，祂完全相似聖父，但第一位是根源，第二位是果實。並且第一位和第二位在愛中共發第三位──聖神。第三位是聖父和聖子之間的愛。教會逐漸肯定了聖神不是由聖父單獨發的，而是由聖父聖子所共發，並且聖父聖子共發聖神並非如同兩個根源，而是如同一個根源：「父與子不是聖神的兩個原始（拉丁文「principia」），而是一個原始。」（《請歌頌上主》詔書 ①）因此，其重點在於聖子與聖父永遠共發聖神──即父和子之間的愛。「你所賜給我的光榮，因為你在創世之前，就愛了我。」聖父給聖子的光榮是使祂在永恆的愛中與父一起成為第三位的根源。我們可以用人性的父親和兒子來比喻這個奧祕：一位非常偉大的父親讓他的兒子參與他所做的最重要的事，這便是兒子的光榮。在天主內亦然，聖子與聖父共發第三位──聖神，這即是聖子永恆的光榮；這的確是聖三內奧妙的愛的勝利。

---

1. *Bulla Cantane Domino* 由教宗恩仁四世於 1442 年 2 月 4 日發布。

我們再回到第五節：「父啊！現在，在你面前光榮我罷！賜給我在世界未有以前，我在你前所有的光榮罷！」由於耶穌的天主性是永恆不變的，因此祂在此求父光榮的是祂的人性；耶穌求天父將祂原本身為天主子、與父共發聖神的光榮賜給祂的人性。耶穌的天主性永遠享有這份光榮，這即是祂在逾越奧蹟中所受的新光榮，也一直都在光榮天父，但藉著祂的苦難與死亡，祂的人性進入了一種新的光榮，意即以工具的方式參與聖子與聖父共發聖神的永恆奧祕。

我們談及這些並不像哲學家那樣自己思考，這些事無法憑理智的能力得知，而是完全在信德中聆聽、接受耶穌向我們啟示的奧祕，並努力瞭解這啟示的意義。誠然，我們人的言語無法說清這奧祕，我們的理智在世上也無法完全明白，但我們仍要努力瞭解耶穌在祂愛子的祈禱中所告訴我們的。如同聖保祿所言：「我們現在是藉著鏡子觀看，模糊不清」（《格林多人前書》13：12）或許我們會想，耶穌談及這些對我們有何用處？耶穌所說的一切，包含祂愛子的祈禱都是為了我們。耶穌向我們啟示祂與父之間的關係是因祂召叫我們分享這份關係。基督徒信仰的重點與特色即在於，我

## 復活節的意義

們確信天主聖三召叫我們分享天主第二位的地位。一旦明白了這一點，我們才會渴望並努力圓滿活出它來；而這是天主子女生活的最深部分。

耶穌是藉著祂的苦難和死亡完成這項奧蹟，祂在苦難中把自己的身體與靈魂完全徹底地奉獻出來。我們可用羔羊的比喻來理解這個奧蹟。在福音的開始，若翰說：「看，天主的羔羊，除免世罪者！」（《若望福音》1：29）耶穌是羔羊，祂成為羔羊的目的是為了被宰殺。羔羊直到被宰殺才實現其存在的意義。耶穌亦是如此，祂來到世界上是為了做羔羊，雖然祂心中的愛一直是完美的，但當祂被宰殺時，即受難而死在十字架上時，祂來實現了祂來到世上的目的。因此，耶穌在苦難中進入了一個新的狀態，若用形上學的術語表達，即是如同潛能和實現的關係。亦即藉著痛苦和死亡，耶穌活出了最完美的愛。降生成人的天主子、天主與罪人之間的中保，向天父奉獻了最完美的愛之祭獻。

耶穌在迦納婚宴時、在施行奇蹟時、在講道時，一直都愛著天父和我們，但天主願意祂藉由痛苦和死亡來完成祂的使命、拯救我們。痛苦和死亡要求人、也要求耶穌具體地活出最大的愛德，否則就無法喜樂地面對它們並善用它們以光榮天父。耶穌心中的愛不需要成長，因它向來都是圓滿的，但在外在的實行方面，

150

# 8 ── 愛子的祈禱

耶穌需要經過苦難和死亡才能達到巔峰、大獲全勝，而進入完美的境界。正如《希伯來人書》所言：「藉苦難來成全拯救眾子的首領」（《希伯來人書》2：10），「祂雖然是天主子，卻由所受的苦難，學習了服從，且在達到完成之後，為一切服從祂的人，成了永遠救恩的根源」（《希伯來人書》5：8-9），耶穌是藉著痛苦和死亡達到了成全的境界。

《聖若望福音》另有一處也可幫助我們瞭解這一點：「聖神還沒有賜下，因為耶穌還沒有受到光榮。」（《若望福音》7：39）耶穌受到了光榮之後才能賜給我們聖神，因祂──新亞當的聖人性參與了聖子與聖父共發聖神的奧祕，才能為別人成為聖神的泉源。因此我們可以如此理解救贖的奧祕：當耶穌藉由苦難而活出最完美的愛之祭獻時，即祂達到成全的境界時，祂的聖人性就受到新的光榮，即參與聖子與聖父共發聖神的奧祕，因而為我們成為聖神的泉源。而對我們來說，領受聖神即是我們的救恩，因為祂使我們獲得罪赦並進入永生。當我們得到永生時，天父就在我們身上獲得光榮。

「因為你賜給了祂權柄掌管凡有血肉的人，是為叫祂將永生賜給一切你所賜給祂的人。永生就是：認識你，唯一的真天主，和你所派遣來的耶穌基督。」

151

## 復活節的意義

（《若望福音》17：2-3）在十字架上受到光榮的耶穌所賜給我們的聖神使我們在愛中認識耶穌並與祂成為一體，因而使我們與耶穌一起認識和愛父，這便是永生。誠然，我們死後才能達到圓滿無缺的「永生」、「面對面的觀看」（《格林多人前書》13：12）、「看見祂實在怎樣」（《若望一書》3：2），意即神學家所說的「榮福直觀」；但在現世，我們藉著信德、在聖神內已活於永生，因為我們已經真實地認識和愛耶穌與天父，如同聖若望所言：「你們這些信天主子名字的人……已獲有永遠的生命。」（《若望一書》5：13）

如此，我們基本上回答了之前所提過的那兩個重要問題：在逾越奧蹟中，耶穌的聖人性所受到的新光榮是藉由痛苦和死亡而參與聖子與聖父共發聖神的奧祕，因而祂為我們成為聖神的泉源且拯救我們。

我們認識了這奧蹟之後，該做什麼呢？首先應經常思考、默想它，以便更加深入瞭解。我們也要在心禱中特別呼求聖神使我們默觀耶穌十字架的光榮。在彌撒中，尤其是成聖體聖血和領聖體時，我們也應該祈求，因為彌撒是十字架的祭獻，在彌撒中，耶穌十字架的光榮臨在於祭臺上，並在領聖體時被賜給我們。無論在心禱或彌撒中，我們要與耶穌一起說：「父啊，時辰來到了，求你光榮你的

152

# 8 —— 愛子的祈禱

子，好叫子也光榮你。」我們這樣求時，便是稱自己為「子」。難道我們可以參與聖子與聖父共發聖神的奧祕嗎？雖然我們不是耶穌，但是我們是祂奧體的肢體，因此我們能以某種方式分享這一奧蹟。求天父光榮我們，即是求祂賜給我們聖神來充滿、光照和燃燒我們的心，使我們以耶穌的愛來愛天父，且越來越像耶穌那樣瘋狂地愛祂、分享聖子與聖父間的永恆之愛的關係。這就是我們分享此奧蹟的方式。

聖十字若望，教會的神祕聖師，論及這項奧蹟：「靈魂在今生所擁有的神化中，天主的這個噓氣吹向靈魂，靈魂的吹向天主（原文為 aspiración de Dios al alma y del alma a Dios）……我認為，這是聖保祿想要說的話，那時他說：「你們是天主的子女，所以，天主派遣了自己兒子的聖神，到你們心內喊說：阿爸！父啊！」（參閱《迦拉達人書》4：6）。來世的真福者及今世的成全者，就是像所說的這樣。靈魂能達到如此崇高的境界，以分享的方式，在天主內噓氣，如同天主在她內噓氣（el alma aspire en Dios como Dios aspira en ella por modo participado），我們不要視之為不可能。因為，倘若天主恩待她，使她和至聖聖三結合，藉著分享，使靈魂神化，成為天主，她也在聖三內瞭解、認識和愛，或

**復活節的意義**

更好說，是以通傳和分享的方式，天主在靈魂內完成這事。……聖子向父祈求，說：「父啊！你所賜給我的人，我願我在哪裡，他們也同我在一起，使他們享見你所賜給我的光榮。」（《若望福音》17：24）亦即，藉分享，他們可在我們內作相同的工作，就是我以本性做的事，就是發聖神（aspirar el Espíritu Santo）。……靈魂哪！你們受造是為了這些卓絕尊貴，也是為此而蒙召！你們為何拖延不前呢？你們的渴望是卑劣的，你們所擁有的是不幸的！啊！你們靈魂眼目的可憐盲目！對這麼明亮的光明，你們是瞎子，這麼洪亮的聲音，你們是聾子，看不見你們要尋求的偉大和光榮。」（《靈歌》② 39，4－5，7）

聖人特別強調，他在此講論的奧蹟「我們不要視之為不可能」，並在最後強烈呼籲我們應全心全力地追求「達到如此崇高的境界，偉大和光榮」；是的，天父那麼渴望把祂的一切都賜給我們，如同祂在聖三的奧祕裡將自己的一切通傳給祂的愛子一樣，如果我們願意接受這份恩賜，祂就在我們身上受到光榮。關於這一點，我們可以回到前面所講的偉大父親與兒子的比喻：父親讓兒子參與他所做的最偉大的事，兒子就會感到很榮幸；同時，兒子願意接受這件事並全心投入，

---

2. 《聖十字若望的靈歌》，聖十字若望著。星火文化出版。　　　　　　　　　154

# 8 ── 愛子的祈禱

父親也會非常喜樂滿足，因為孩子明白父愛並接受這一愛的召叫，他願意與父親合而為一。同樣，我們渴望儘可能地回應天父的愛之召叫而永遠作祂的愛子，祂就在我們身上受到光榮。此外，我們也會在耶穌內把恩寵傳遞給別人（諸聖相通功的奧蹟）、幫助他人得到永生，這亦是天父的光榮。

我們可能覺得這些奧蹟完全超越我們，然而天父將它們啟示給我們了，因此我們應求聖母加強我們的信德，使我們確信天主聖三真的願意賜給我們這些恩寵。

最後，我簡短地提出愛子的祈禱的其它重點。

1. 耶穌為門徒們的合一祈禱（《若望福音》17：11，20－23）：耶穌非常渴望祂的門徒在愛德中合而為一，然而祂知道教會將會發生許多分裂，祂提前為此祈禱，並且祂的祈禱必然有效。因此，我們不但應努力促成教會合一，並且確信，依靠耶穌的恩寵，教會的合一將會實現，儘管可能不是按照我們自己所想的方式。我們也不可忘記《若望福音》的另一句話：「耶穌將為民族而死；不但為猶太民族，而且也是為使那四散的天主的兒女都聚集歸一」（《若望福音》11：

155

## 復活節的意義

51－52）；既然我們合一的代價是基督的死亡，因此我們若忽略合一的要求或故意製造分裂，不就是「踐踏了天主子，拿自己藉以成聖的盟約的血當作了俗物，而又輕慢了賜恩寵的聖神」（《希伯來人書》10：29）嗎？

2. 耶穌為門徒們的喜樂祈禱——「為叫他們的心充滿我的喜樂」（《若望福音》17：13），在這之前，祂已對宗徒們說過：「我對你們講論了這些事，為使我的喜樂存在你們內，使你們的喜樂圓滿無缺。」（《若望福音》15：11）祂多麼渴望我們在祂的光與愛中分享祂聖心的喜樂！這一點對我們也很重要，教宗方濟各經常提醒我們要重新發現福音所帶給我們的喜樂。聖多瑪斯認為喜樂是愛德的第一個果實，我們之所以缺乏喜樂是由於愛得不夠，假如我們真的熱愛天主與他人，就會常常喜樂，如同耶穌那樣喜樂。

3. 「求你以真理祝聖他們；你的話就是真理」（《若望福音》17：17）：真正的合一與喜樂皆是建立在真理的基礎上。我們無法在真理之外尋找合一與喜樂，教會是「真理的柱石和基礎」（《弟茂德前書》3：15），我們絕不可放棄真理。我們應不斷地以天主的話滋養我們的靈魂，使之越來越被天主的真理所光照和聖化，以使我們的一切思、言、行為都在天主的光明中、在真理的光輝中。

## 8 ── 愛子的祈禱

4. 最後，耶穌求天父使我們永遠與祂一起在父懷裡（參閱《若望福音》17：24－26），在天主聖三永恆和無限的光與愛中得享圓滿的幸福，即天主自己的真福。既然耶穌為我們求了這份終極的恩賜，我們確信依靠祂，所有的人都能達到這目標，這是我們的希望，絕不能放棄！天主賜給我們這一切恩賜的代價，乃是耶穌的光榮苦難。

# 9 — 聖週五：耶穌光榮的苦難

# 復活節的意義

有關耶穌的光榮苦難，我想看專屬於《聖若望福音》的四個地方：耶穌與比拉多之間的對話，聖母瑪利亞同受苦的奧祕，耶穌渴的呼喊和耶穌的肋旁被刺透。

## ● 耶穌與比拉多之間的對話

這段對話使我們發現耶穌受難中的「新光榮」包含祂給真理作證的新方式。

「比拉多對祂說：『你是猶太人的君王嗎？』耶穌答覆說：『這話是你由自己說的，或是別人論我而對你說的？』比拉多答說：『莫非我是猶太人？你的民族和司祭長把你交付給我，你作了什麼？』耶穌回答說：『我的國不屬於這世界；假使我的國屬於這世界，我的臣民早已反抗了，使我不至於被交給猶太人；但是，我的國不是這世界的。』於是比拉多對祂說：『那麼，你就是君王了？』耶穌回答說：『你說的是，我是君王。我為此而生，我也為此而來到世界上，為給真理作證：凡屬於真理的，必聽從我的聲音。』比拉多遂說：『什麼是真理？』」（《若望福音》18，33－38）

160

## 9 —— 聖週五：耶穌光榮的苦難

這是降生成人的聖言與一個在世界上握有權威的外邦人之間的對話。耶穌仁慈地適應比拉多，按照他所能理解的方式與他交談。當我們面對不認識天主的兄弟姐妹時，不也應該如同耶穌一樣，不是不敢說真理，而是按照對方能理解的方式來與他分享真理嗎？

「這話是由你自己說的，或是別人論我而對你說的？」我們在此看到耶穌內心的自由——畢竟比拉多有判祂死刑的權柄。但耶穌一點也不懼怕，直接地提醒他，他是有權威的人，他有決定的權利，因此他不可只憑人的輿論來判斷，他必須自己尋找真理。這幫助我們明白追求真理的人會如同耶穌一樣自由。耶穌說過：「你們會認識真理，而真理必會使你們獲得自由。」（《若望福音》8：32）其實不僅認識真理會使我們獲得自由，並且追求真理就已經使我們獲得自由。一個追求真理的人，因著只想按照自己的良心、在真理中生活，所以不在意別人怎麼看他或想如何對待他，即便是對他有權利的人。這一點對我們很重要；在團體生活中，我們有時會很在意別人、尤其是長上對我們的眼光，而這可能是因為我們不夠追求真理。若我們全心追求真理，就能體會到內心深邃的自由。

「我的國不屬於這世界；假使我的國屬於這世界，我的臣民早已反抗了，使

## 復活節的意義

我不至於被交給猶太人；但是，我的國不是這世界的。」比拉多是一個為政治勢力——羅馬帝國——服務的人。面對這樣的人，耶穌要他明白人存在的目的首先不在於建立一個看得見的帝國、為一個政權服務，還有比這更重要的，即尋求精神上的事物。雖然每個人都屬於某個國家、並理當為這個國家做些服務，但人首先不是政治團體的一份子，在人身上有更深層的部分——理智和意志力，即「精神」。人因為有理智和意志力而被稱為位格，位格存在的主要目的並不在於完成政治性的事業，而在於尋找智慧並發展精神性生命。這不是基督徒的特色，而是任何人都可理解的道理，比拉多也應明白：人的幸福不在於政治上的榮耀，而在於和別人建立真正愛的關係並認識天主。

「你說的是，我是君王，我為此而生，也為此而來到世界上，為給真理作證：凡屬於真理的，必聽從我的聲音。」耶穌的國度是真理的國度，耶穌是真理的君王。但比拉多立即回答：「什麼是真理？」比拉多似乎是一個懷疑主義者和相對主義者。懷疑主義和相對主義在今日非常普遍，但教會並不予以接受。相對主義否定存在著絕對的客觀真理，並認為一切都是相對性的；懷疑主義則認為人無法確切地認識真理。但聖若望保祿二世在《信仰與理性》[1] 通諭中，提醒我們

---

1. 教宗若望保祿二世於 1998 年 9 月頒布，著重如何判別宗教信條是否理性。

## 9 ── 聖週五：耶穌光榮的苦難

人有能力認識真理，人的理智有能力發現客觀和普遍性的真理。既然人有這份能力，所以也就有義務尋找真理，並在發現真理之後，有義務按照真理來生活；若望保祿二世甚至說：「我們可以給人下一個定義：尋求真理者。」（《信仰與理性》28）

耶穌是降身成人的聖言，祂來到世界上是為給真理作證。此處的「真理」首先不是指人性方面的真理，因為世人可以自己發現人性方面的真理。耶穌來到世界上是為向我們啟示自己所無法知道的、關於天主和祂對人的計畫的真理；我們只需相信便可認識這些超性的真理。耶穌說過祂是「世界的光」（《若望福音》8：12），在最後晚餐中祂也說過：「我是真理」（《若望福音》14：6）。《若望福音》的序言以「從來沒有人見過天主，只有那在父懷裡的獨生者，祂給我們詳述了」（《若望福音》1：18）作結束。身為天主第二位、永遠在父懷裡的愛子、聖言、永恆之光，祂永遠默觀天父。祂來到世上的目的是為了向我們啟示天主的父愛，以及祂關於人類的愛的祕密。

耶穌一生都在為真理作證。在納匝肋時、在祂的傳教生活中，祂一直為真理作證、向我們啟示天主的父愛，但在祂的苦難中，祂以一種新的方式給真理作

## 復活節的意義

證：祂藉著受難與死亡的方式，即祂以完全自由且心甘情願地受苦、死在十字架上來告訴我們，為祂而言，天父的愛超越一切。天主子以這種方式讓我們明白祂與父之間愛的合一深過死亡。由於死亡是實體性的破裂——靈魂與肉身的分離，因此，祂自願利用痛苦和死亡來光榮天父的這件事，使我們發現祂與父之間的合一是「實體性」的合一；這就是祂曾說過的：「我與父原是一體」（《若望福音》10：30）。因此，最重要的真理即是：耶穌與父之間愛的合一比死亡更深邃、更頑強，而我們蒙召分享這份關係。

的確，如果耶穌在人性上是如此，那麼我們作為祂的門徒亦然，我們能分享耶穌與天父之間比死亡更深、更強的愛的合一。這就是我們格外需要知道的真理：沒有任何人、事、物可以破壞我們在耶穌內與天父之間愛的合一，這也是聖保祿所肯定的：「誰能使我們與基督的愛相隔絕？是困苦嗎？是窘迫嗎？是迫害嗎？是飢餓嗎？是赤貧嗎？是危險嗎？是刀劍嗎？靠著那愛我們的主，我們在這一切事上，大獲全勝，因為我深信：無論是死亡，是生活，是掌權者，是現存的或將來的事物，是有權能者，是崇高或深遠的勢力，或其他任何受造之物，都不能使我們與天主的愛相隔絕。」（《羅馬人書》8：35，37－39）

## 9 —— 聖週五：耶穌光榮的苦難

「凡屬於真理的，必聽從我的聲音」——這就是耶穌的王國。國王原是那擁有權威的人，他的百姓應該聽從他，而耶穌是真理的君王、是來向我們啟示圓滿、絕對的真理的天主子，所以祂有絕對的權威。尋找真理的人應該聽從祂的聲音，並且應該服從真理，而服從真理意味著按照耶穌向我們所啟示的愛來生活。凡是願意接受祂的真理、並按照祂的愛而生活的人，都屬於祂的王國，這件事遠比建立一個看得到的帝國更為重要。

耶穌向我們啟示真理，並把自己的愛傾注在我們心中，將我們帶向真正的幸福，使我們分享祂自己的真福。如果我們把政治放在首位，最後的結果不是真福，而是位格被縮減，人成為國家的奴隸，不再是政治為人服務，而是人為政治服務。這並不符合造物主對人類愛的計畫，國家的目的在於幫助人發現他自己個人的幸福，而位格的幸福並不在國家、政治、社會內，人的幸福是個人的事。

耶穌的王國首先是內在的王國，祂在我們的心靈與理智上為王，但同時此王國也應該體現在外在的行為上，耶穌的門徒應該具體地按照耶穌所啟示的真理而生活。基督徒的這些外在行為上並不會構成一個看得到的國度，但會使世人看見愛的真諦，並使耶穌的王國在現世就開始實現；不過它將在我們復活後才得以完

165

## 復活節的意義

成。

我們不要忘記耶穌關於魔鬼所說的話：「從起初，牠就是殺人的兇手，不站在真理上，因為在牠內沒有真理；牠幾時撒謊，正出於牠的本性，因為牠是撒謊者，而且又是撒謊者的父親。」（《若望福音》8：44）魔鬼厭惡真理，尤其是天主所啟示的真理，牠總想用各種方式欺騙我們。每當我們有意識地接受思、言或行為上的謊言時，就是與牠打交道，而後果便是悲劇⋯⋯讓我們求耶穌使我們能夠抵抗魔鬼的欺騙，並擺脫一切懷疑主義和相對主義的錯誤，相信祂向我們啟示的真理乃是絕對的真理，它能使我們分享耶穌的真福。我們應該一生越來越追求真理，並聆聽祂的聲音。而目的在於像祂一樣，活出最大的愛、成為父鍾愛的子女，並愛別人如同天主愛他們一樣。

我們不但要聆聽耶穌所啟示的真理，並且也要如同祂一樣給真理作證——這是愛別人的一個基本方式。我們可以用話語、行為、各種方式，為天主的真理與愛作證，而最終的方式就是殉道。在希臘文「殉道者」就是「證人」的意思，殉道者如同耶穌一樣、為給真理作證而奉獻自己的性命，這是最大的愛德。讓我們求耶穌賜予我們勇氣，好能為真理作證到底。教宗本篤十六世說過：「殉道是基

# 9 ── 聖週五：耶穌光榮的苦難

督徒生活的一個基本面向。」

彌撒聖祭與聖體聖事格外能幫助我們如同耶穌那樣給真理作證。關於此事教宗本篤十六世說過：「在這聖事中，主成了渴求真理與自由者的食糧。（……）在感恩聖事中，耶穌尤其向我們揭示愛的真理，亦即天主的本性。」（《愛德的聖事》2）既然彌撒是十字架祭獻的重現，所以在彌撒中耶穌給真理作證、領聖體和朝拜聖體時，我們就可以默觀那位為了向我們揭示愛的真理而犧牲性命的耶穌，並求祂使我們喜樂地與祂一同為真理犧牲性命。

## • 聖母瑪利亞同受苦的奧祕

耶穌光榮的苦難之另一特徵在於使聖母瑪利亞參與祂的苦難；這就是聖母「同受苦」的奧蹟。如何理解這項奧蹟？福音記載：「在耶穌的十字架旁，站著祂的母親和祂母親的姊妹，還有克羅帕的妻子瑪利亞和瑪利亞瑪達肋納。耶穌看見母親，又看見祂所愛的門徒站在旁邊，就對母親說：『女人，看，你的兒

## 復活節的意義

子！」然後，又對那門徒說：「看，你的母親！」就從那時起，那門徒把她接到自己家裡。」（《若望福音》19，25–27）

我們首先應注意的是，十字架上的耶穌稱祂的母親為「女人」。這個稱呼非常特殊，並且它使我們聯想到《創世紀》第二章，論天主創造男人和女人的敘述：「人遂說：『這才是我的骨中之骨，肉中之肉，她應稱為〔女人〕。』」（《創世紀》2：23）顯然，耶穌在此向我們啟示，就如祂在十字架上的聖母瑪利亞在十字架下是新厄娃，「女人」；意思是如同最初亞當和厄娃成了人類的頭——將生命傳給了全人類，同樣，十字架上的耶穌與十字架下的聖母成了新人類的頭，在愛德的合一中，將新生命傳給所有願意接受它的人。當然，天主性生命的源頭並非聖母，而是天主聖三與耶穌的聖人性，即在苦難中、參與天主第二位與天主父一起共發聖神的奧祕之耶穌之人性。聖母瑪利亞只是一個受造物而已，但天主願意她以自己的方式參與這奧蹟，因而與耶穌一起，為若望及若望所代表的所有基督徒，成為新生命的泉源：看，你的兒子！

被釘十字架上的耶穌把自己的身體和整個生命奉獻給天父作為愛的全燔祭。

168

# 9 ── 聖週五：耶穌光榮的苦難

耶穌以無限的愛服從父的旨意，並為光榮父和拯救人類而犧牲祂的一切。十字架下的瑪利亞則首先把她的愛子奉獻給天父。最初天使報喜時，天父把祂的愛子賜給了瑪利亞，在十字架下她把耶穌還給天父，因為她愛天父和祂的旨意甚於耶穌現世的生命。瑪利亞知道耶穌並不屬於她，而是屬於父的；對她來說接受父對耶穌的旨意，就是接受耶穌受盡無法形容的痛苦並死在十字架上，而這是她最大的痛苦。一位母親看到自己的愛子以這種方式死去，比自己死在十字架上更為痛苦。所以在十字架下，瑪利亞的奉獻首先在於以最大的愛德接受天父的旨意而把耶穌還給祂。並且她不是被動、消極的，而是如同耶穌一樣，積極、喜樂地接受父的旨意。因此，我們可以說瑪利亞有兩次的謝主曲：第一次在訪親時，是純粹喜樂的；第二次，即十字架下的謝主曲，則表達她心中的喜樂超越苦難的悲傷。她這樣奉獻耶穌時，也就是奉獻我們心目中最重要的人，就等於奉獻自己。故此，在十字架下的瑪利亞與十字架上的耶穌之間有一種獨一無二的愛的合一，他們成為奉獻給父的同一愛的祭品。

但不同之處在於，耶穌在靈魂的最深處一直都享有榮福直觀，祂在苦難中仍然面對面的觀看天父。而瑪利亞並沒有榮福直觀，她在信德的黑暗中相信她愛

## 復活節的意義

子十字架的苦難與死亡是天父愛的旨意。她無法完全理解，但她確信這是父的旨意。由於耶穌理智的高峰一直都享有榮福直觀，因此祂無法奉獻祂理智最深的部分。瑪利亞則因著她的理智在信德的黑暗中受苦，所以可以把她理智最深的部分奉獻給天父。同樣，就嚴格的意思來說，耶穌沒有望德；因為祂一直與天主結合在一起，所以祂不需要望德。而聖母則跟我們一樣有望德，意思是她寄望於依靠天主的全能與仁慈來達到她尚未到達的目的——永恆的真福——，並且把為到達此目的所需要的一切都交給天主，因為只有祂才圓滿地知道通達目的地的路。身為母親，她原來人性最深的意願就是耶穌不受苦並能生活，但在十字架下，她「在絕望中仍懷著希望而相信了」（參閱《羅馬人書》4：18），並將一切交給她愛祂在萬有之上的天父，只願意承行主旨，因而奉獻了她人性意志的這份意願。故此，十字架下的聖母藉著她的信德與望德，向天父奉獻了耶穌所不能奉獻的兩點，即人性理智和意志最深的部分。

因此，她補全了耶穌受難所欠缺的，如同聖保祿所說的：「我可在我的肉身上，為基督的身體——教會，補充基督的苦難所欠缺的。」（《哥羅森人書》1：24）第一位補充耶穌的苦難所欠缺的，不是保祿，而是站在十字架下的瑪利亞；

170

## 9 —— 聖週五：耶穌光榮的苦難

但聖保祿的這句話告訴我們，不僅是聖母、並且保祿和所有基督徒都可參與這項奧蹟。天主願意每個門徒都分擔基督的苦難，以補充它所欠缺的。從嚴格的意思來說，耶穌的苦難什麼都不缺，它足以拯救全人類並光榮天父，但耶穌願意給祂的每個門徒與祂一起受苦的機會，因為與耶穌一起受苦使我們能夠以一種獨一無二的方式與祂結合。除非我們與祂一起受苦，否則我們無法與祂完全合而為一。因此，雖然我們無法像聖母那樣圓滿地活出同受苦的奧祕，但我們每個人都應該渴望活出這奧祕。

活出同受苦的奧蹟意味著如同聖母一樣，與耶穌一起，在最熱心的愛德中，將我們的整個生命奉獻給天父作祭品，尤其把我們的各種痛苦奉獻給祂，意思是我們不封閉在自己的痛苦中，相反地，我們願意利用這些與我們心中的愛結合的痛苦來光榮祂。如同十字架下的瑪利亞一樣，我們為愛天父而特別奉獻信德所帶來的考驗——經常不瞭解天主的奧妙措施，和望德所帶來的考驗——需經常放棄自己的喜好、計畫而接受天主的引導，以便讓祂帶領我們到圓滿的幸福裡。如此，我們時常可以與聖母及聖保祿喜樂地說：我「為基督的身體——教會，補充基督的苦難所欠缺的。」因此，我們在基督內，以某種方式，為別人成為超性生命的

## 復活節的意義

泉源。我們在教會中、並為了教會，活出「女人」——新厄娃的奧蹟。

為能如同聖母一樣活出同受苦的奧祕，我們需要她的援助。為此，耶穌對若望說：「看，你的母親！」就從那時起，那門徒把她接到自己家裡。中文版的聖經譯為「家」的詞，希臘原文 [idia] 的意思並非「家」，而是「屬於自己的」之意。所以我們應該如同若望一樣，把聖母接到屬於自己的一切，即我們生活中的一切；我們生活中的一切，無論本性或超性的：祈禱、工作、休息、兄弟愛德、愛情、家庭、誘惑……都要與聖母一起活，無一例外。這首先不是一種主觀的感覺，而是意志上的意願，即信德、望德和愛德的選擇：我們相信耶穌以無限的愛將祂的母親賜給我們作母親，我們希望藉由做聖母的孩子而更容易往天主那裡去。我們願意如同耶穌那樣愛聖母，並且我們為承行耶穌的旨意而願意把聖母接到我們的家裡。如果我們對聖母有感情，我們感謝天主，但這並不是重點。聖母真正的愛子不是那些對她有感情的人，而是為了耶穌的緣故，願意以神性之愛全心愛她並時常瞻仰、信賴、依靠、呼求、服從她的人。只要我們經常像小孩子一般求聖母為我們轉求、賜給我們生命、陪伴我們和教育我們，她就會俯允我們；即便我們感覺不到，但她會以慈母心腸收納我們為孩子、並聖化我們。

# 9 —— 聖週五：耶穌光榮的苦難

值得我們特別注意的是，耶穌本來可以在迦納婚宴時對瑪利亞說：「看，你的兒子！」並對若望說：「這是你的母親！」但耶穌並不這樣做，祂願意等到十字架時才說這些話。為什麼？耶穌藉此告訴我們，聖母在我們的基督徒生活中的主要角色在於教導我們活出其同受苦的奧祕。這並不是說聖母不會在我們的各種考驗中安慰我們、鼓勵我們，她也會這樣做，因為她真的是我們的慈母、罪人的寄託、弱者的力量和憂苦者的喜樂，她最瞭解我們心中的一切需求，她會非常溫良地陪伴我們。但我們不要以為她在我們生活中的主要角色是做我們考驗中的依託，不，教導我們活出同受苦的奧祕才是她的主要角色。

我們必須瞭解這一點，免得我們與聖母之間的關係走偏、而希望她以人性的方式安慰我們。我們應該首先求聖母教導我們在日常生活中，與耶穌一起奉獻我們的一切，尤其教導我們在信德的黑暗中及望德的貧窮中將我們、我們身邊的人和全人類的痛苦當作愛的祭品奉獻給天父，以便光榮祂，並拯救人類。如此，我們會越來越體會到聖母心中最深的喜樂，即在愛中與十字架上的淨配合而為一的喜樂，並能在各種磨難中繼續說：「我的靈魂頌揚上主！」

彌撒聖祭在於重現耶穌十字架的祭獻。聖若望保祿二世說過：「在『紀念』

173

**復活節的意義**

加爾瓦略時，基督藉祂的苦難及死亡所完成的一切，都得以臨在。因此，基督為了我們的緣故而對祂母親所做的一切，也都實現。祂把祂所愛的門徒託付給她，在這位門徒身上，祂也把我們每一個人託付給聖母：『看，你的兒子！』祂也對我們每一個人說：『看，你的母親！』在感恩祭中紀念耶穌的死亡，也要求繼續領受這項恩賜，這表示，也要如同聖若望一樣，接受每一次賜給我們的瑪利亞為我們的母親。」(《活於感恩的教會》57) 在每台彌撒中，耶穌把瑪利亞賜給我們做母親，如同在十字架上時，祂把她賜給了若望一樣。因此，聖母首先是在彌撒中教導我們活出同受苦的奧祕，這原是彌撒最深的意義。彌撒主要的目的在於賜給我們一個活出同受苦奧祕的具體機會。在感恩祭中，我們靠信德與聖母一起站在耶穌的十字架旁，活出同受苦的奧蹟，為全人類成為祝福的泉源。這項奧蹟並會逐漸滲透我們全部的生活。

• **耶穌渴的呼喊**

耶穌光榮的苦難還包含祂渴的呼喊。「此後，耶穌因知道一切事都完成了，

174

# 9 —— 聖週五：耶穌光榮的苦難

為應驗經上的話，遂說：「我渴。」有一個盛滿了醋的器皿放在那裡，有人便將海綿浸滿了醋，綁在長槍上，送到祂的口邊。耶穌一嘗了那醋，便說：「完成了。」就低下頭，交付了靈魂。（《若望福音》19：28－30）

「耶穌因知道一切事都完成了⋯⋯」耶穌因著祂在苦難中對天父完美的朝拜、服從和祭獻而賠補人類所犯的一切罪過，祂為我們賺得了聖神，並留給我們感恩祭作為祂苦難的紀念，及祂的母親作為我們超性生命的母親：祂該完成的事確實都完成了。既然如此，為什麼祂還要呼喊：「我渴」呢？耶穌渴的呼喊似乎是「多餘」的；其實，正因為它是「多餘」的，所以它是滿溢多施的愛的表現。

如何理解這一點？

耶穌渴的呼喊首先表達祂當時在身體上非常乾渴，但祂身體上的渴成為祂精神上的渴的象徵性記號。渴的呼喊其主要意義在於表達基督心靈的渴望。什麼渴望？讓我們繼續看福音所記載的。為應驗經上的話：經上的哪些話呢？無疑地，這涉及到聖詠的一些話，比如：「天主，我的靈魂渴慕你，真好像牝鹿渴慕溪水」（《聖詠》42：2）；「我的靈魂渴慕你，我的肉身切望你，我猶如一塊乾旱涸竭的無水田地」（《聖詠》63：2）；「向著你，我常伸開我的雙手，渴慕你，

175

## 復活節的意義

「我的靈魂有如乾土。」(《聖詠》43：6) 聖詠的這些話表達人對天主——一切生命、真理與愛的泉源——的深切渴望；其實，不僅聖詠、並且是整部舊約聖經都在表達這份渴望，因為人心中最深、最強烈的需求就是與天主結合為一。因此，我們可以說耶穌渴的呼喊所應驗的，是整部舊約聖經的話：它表達耶穌對愛天父的渴望、一種無限的愛的渴望。渴的呼喊向我們啟示，身為天主子的耶穌心中對天父的愛的渴望超越一切，連祂所完成的救世工程——人類歷史中最偉大的工程，也無法相稱地表達出這份如同深淵般的愛的渴望，因為救世工程是有限的，而耶穌的愛卻是無限的。耶穌願意我們明白在祂心中最重要的不是祂所完成的偉業，而是祂對愛父的渴望。這是為何祂最後必須呼喊：「我渴！」渴的呼喊是天主子對天主父的無限愛情在其聖人性上的表達。它特別彰顯基督在苦難中所受的新光榮，即祂的聖人性以工具的方式參與天主第二位和天主第一位共發聖神的奧祕。

同時，渴的呼喊也是針對世人的；因為耶穌不但愛父，並且也為了父的緣故而愛我們，所以祂渴望我們與祂一起到父那裡去，並渴望我們對祂的愛。祂不是因為有所缺乏才渴望我們的愛，而是因為祂愛我們、願意我們藉由愛祂和天父而

176

# 9 —— 聖週五：耶穌光榮的苦難

分享祂的幸福。因此，耶穌渴的呼喊也表達祂多麼渴望世人得救。

面對這項奧蹟，我們該做什麼？我想我們首先應經常在心禱中，尤其是朝拜聖體時，聆聽基督渴的呼喊：祂在聖體內不斷向我們說：「我渴！」祂不僅願意喚醒我們對愛祂的渴望，並且也邀請我們與祂一起向天父呼喊：「我渴！」的確，耶穌願意把祂對天父的渴望傾注在我們心中，使我們分享祂與父之間愛的合一。讓我們祈求住在我們內的耶穌，使我們在心禱和彌撒中時常像祂一樣，向天父表達我們心靈深處對愛祂的強烈意願，對天父說：「我渴！」不過這要求我們願意如同十字架上的基督一樣捨棄一切；祂經歷了終極的貧窮——毫無人性的尊嚴、且把自己的母親賜給若望以後，祂才呼喊：「我渴！」凡是心中有依戀、佔有任何受造之物的人便尚未準備好活出渴的呼喊，因為他對受造物的依戀阻礙他全心渴慕天主。這一點尤其涉及到我們的事業：我們應如同耶穌一樣，從不停留在我們所做、所完成的事上，即便是在服從中；基督徒生活最深的部分不是我們藉服從所完成的、看得見的事業——無論它如何偉大，而是在於我們心中對愛天主的渴望。就事業而言，我們只不過是無用的僕人，天主可以用別人替我們工作，但在愛方面，我們每個人都是獨一無二的，沒有任何人可以替我們愛天主！

## 復活節的意義

這意味著我們不應追求工作帶來的成就感，不應滿足於看得到的成功，不應數算自己的善工等等。這就是耶穌對厄弗所教會所做的指責：「我知道你有堅忍，為了我的名字受了苦，而毫不厭倦。可是，我有反對你的一條，就是你拋棄了你起初的愛德。」（《默示錄》2：3-4）基督的門徒應該僅僅追求唯一必要的事，即願意越來越愛天主、光榮祂，並幫助別人這樣做。

此外，耶穌渴的呼喊也應喚醒我們對世人得救的渴望，以及為別人犧牲自己和對福傳的熱忱。如同印度的聖女德肋撒姆姆所領悟的，耶穌也在我們的兄弟姐妹身上，尤其是在受各種痛苦的人身上向我們呼喊：「我渴！」祂說過，對最小的弟兄所做的就是對祂做的；祂在受苦的人身上哀求我們給祂水喝、給我們的愛。這是渴的呼喊的奧蹟很重要的一面，如果我們不能在生活中聆聽耶穌在別人身上的呼喊，我們恐怕也無法在彌撒和心禱中，真實地聆聽與回應祂的呼喊。

雖然如此，但渴的呼喊也幫助我們明白，基督徒生活最深的部分並不是兄愛德和慈悲，而是對愛天主的渴望。耶穌在把聖母賜給若望，並把若望賜給聖母，建立了他們倆人之間的愛德的盟約之後，隨即呼喊：「我渴！」這是為讓他們明白，對愛父的渴望超越這份兄弟愛德的關係。為我們而言亦然：雖然兄弟愛

178

## 9 —— 聖週五：耶穌光榮的苦難

德和各種神形哀矜都非常重要，但它們並不是終極目標。我們對愛父的渴望應超越一切，而真正的兄弟愛德和慈悲則會不斷加強這份渴望。

第29節告訴我們，面對耶穌渴的呼喊，有人遞給祂醋喝。耶穌接受了，祂並未拒絕。那些人似乎以純粹人性的方式理解並回應耶穌的呼喊，但祂仍然以無限的仁慈接納他們對祂的這種人性的憐憫。世人對天主的愛的不理解該多麼傷祂的心！但祂並不拒絕受傷，祂願意受傷到底。愛德同樣要求我們準備好受傷到底；如果我們願意跟隨耶穌到底、愛到底，我們就應準備好受傷到底。當然，不是為受傷而受傷，而是為愛而受傷。但這一點為我們而言異常困難。讓我們求耶穌賜給我們愛到底的力量！

「耶穌一嘗了那醋，便說：『完成了。』」第28節已經說一切事都完成，而第30節又說一次：「完成了」：耶穌藉由渴的呼喊及接受那些人的憐憫而達到絕對的「完成」——一種滿溢多施的愛的完成。耶穌需要表達祂心中的無限渴望，救世奧蹟才得以真正完成。

「就低下頭，交付了靈魂。」(《若望福音》19：30) 關於這句話，我僅提出兩點。其一，中文聖經所說的「交付了靈魂」，雖然翻譯上沒有錯誤，但如果按

# 復活節的意義

希臘原文字面的意思來理解，則可譯為「交出了神」，意即「賜下了聖神」。聖若望故意這樣表達是為了告訴我們，藉由耶穌的死亡，聖神已被賜下，因為耶穌已經完成了救世工程。其二，他的這種表達方式也向我們指出，雖然當時把耶穌釘在十字架上的人確實想殺害祂，但事實上不是世人殺死了耶穌，而是祂自由地把靈魂交付在天父手中，祂自願死去。祂說過：「誰也不能奪去我的性命，而是我甘心情願捨掉它；我有權捨掉它，我也有權再取回它來⋯⋯這是我由我父所接受的命令。」（《若望福音》10：18）由於耶穌是天主，祂一直到死都是自己生命的主宰，世人不可能殺死祂。祂的死亡是完美的愛的死亡。

當時只有聖母瑪利亞全然領悟耶穌渴的呼喊的意義，而耶穌把她賜給我們作母親，好讓我們求她使我們日益如同她一樣，領悟這奧蹟的真諦。

## • 耶穌的肋旁被刺透

雖然一切事都完成了，但耶穌斷氣之後，還發生了另一件非常重要的事：

「猶太人因那日子是預備日，免得安息日內──那安息日原是個大節日──屍首

180

## 9 —— 聖週五：耶穌光榮的苦難

留在十字架上，就來請求比拉多打斷他們的腿，把他們拿去。兵士遂前來，把第一個人的，並與耶穌同釘在十字架的第二個人的腿打斷了。可是，及至來到耶穌跟前，看見祂已經死了，就沒有打斷祂的腿；但是，有一個兵士用槍刺透祂的肋旁，立時流出了血和水。那看見這事的人就作證，而他的見證是真實的；並且那位知道祂所說的是真實的，為叫你們也相信。這些事發生，正應驗了經上的話說：『不可將祂的骨頭打斷。』經上另有一句說：『他們要瞻望他們所刺透的。』」(《若望福音》19：31—37) 關於這段福音，值得我們注意的第一點就是聖若望記載的是「肋旁」，而不是「心」。但教會的某種傳統解釋認為「肋旁」代表心；尤其自從耶穌在第十七世紀顯現給聖女瑪加利大之後，教會就特別敬禮耶穌洞開的聖心。「肋旁」與「心」之間有種互補，若我們從這兩個不同的角度探索這段福音，便會獲得更多的光照。讓我們努力瞭解這個終極的奧蹟。

刺透耶穌肋旁的兵士並非出於對首領的服從，而是自己決定做這個舉動；而且耶穌已經死了，兵士根本沒有必要、也不應該這樣做：不尊重一個人的遺體是很邪惡的行為，而且此處是沒有任何意義、荒謬的邪惡。但天主竟利用這荒謬的邪惡行為來向我們圓滿地啟示祂對世人的無限慈愛：天主的心洞開了，好讓我們

## 復活節的意義

得以進入其內,並因瞻仰那遠超人所能認識的愛而歡欣鼓舞。

正如耶穌稱聖母為「女人」使我們想到亞當第一次看到厄娃時所說的話(參閱《創世紀》2：23),同樣,耶穌被刺透的肋旁也使我們想起天主從亞當的肋旁形成了女人的敘述:「上主天主遂使人熟睡,當他睡著了,就取出了他的一根肋骨,再用肉補滿了原處。然後上主天主用那由人取來的肋骨,形成了一個女人。」(《創世紀》2：21－22)因此,一些教父認為這段福音向我們啟示,從新亞當——耶穌的肋旁流出的血和水誕生了新厄娃——教會,水代表聖洗聖事,血則代表聖體聖事。因著這兩件聖事的恩寵,教會不斷地誕生與成長,日益成為耶穌名副其實的淨配,在愛德中與祂親密結合,領受祂的生命,並把這神性生命傳給她的孩子們。因此我們可以說,聖母與教會都是新厄娃、基督的淨配;而且她們是分不開的,聖母是教會最重要的成員,也是教會的母親;教會跟著聖母一起成為羔羊的淨配。

不過,我們也可以這樣理解這段福音:從耶穌肋旁流出的水代表祂向撒瑪黎雅婦女所預許的活水(參閱《若望福音》4：10),也是祂在帳棚節向所有「口渴」的人所預許的「活水的江河」,即聖神(參閱《若望福音》7：37－39):

182

## 9 ── 聖週五：耶穌光榮的苦難

「因著基督的光榮苦難，聖神終於被賜下了！」同時可以說水代表聖神灌注在我們靈魂上的神性生命，如同默示錄所表達的：「凡口渴的，請來吧！凡願意的，可白白領取生命的水」(《默示錄》22，17)，以及聖神傾注在我們心中的愛德。血則代表耶穌的痛苦和死亡。水及血從耶穌被刺透的肋旁一同流出，這表示聖神的被賜下與耶穌的痛苦是分不開的，意思是罪人給耶穌帶來的痛苦促使祂賜給他們新生命。祂不但寬恕我們的罪過，並願意罪人因領受聖神、新生命、愛德而成為祂聖心的淨配。這使我們想到聖保祿的話：「罪惡在哪裡越多，恩寵在那裡也越格外豐富」(《羅馬人書》5：20)，以及耶穌對聖女傅天娜所說的：「讓世間十惡不赦的大罪人完全信賴我的慈悲。他們比別人更有權利信賴我慈悲的深淵。」(《日記》1146)並且天主利用兵士荒謬的邪惡行為來賜給我們聖神、活水的江河，以使我們明白祂對世人「過分」的愛，有能力利用最可怕的邪惡來寬恕罪人、並賜給我們祂的生命。在耶穌的逾越奧蹟中，天主真的「因愛成疾」(《雅歌》2：5)。

此外，耶穌對聖女加大利納說過：「我對人類的愛是無限的，而忍受苦難、受刑罰的行為是有限的，藉有限的行為可以顯示出，我愛你們的所有愛情全都是

## 復活節的意義

無限的。所以，我要你們藉著我敞開的心，看到我聖心的祕密，目的是為讓你們看到我對人類的愛，比我藉著有限的苦難所表達的還要深厚。」（《對話錄》②

75）耶穌的這幾句話與我們方才關於耶穌渴的呼喊所說的很相似；其重點都是：耶穌所受的痛苦是有限的，而祂心中的愛則是無限的，所以祂需要用渴的呼喊與肋旁的被刺透來使我們明白，祂對人類的愛比祂「藉著有限的苦難所表達的還要深厚。」

因此，渴的呼喊與被刺透的肋旁之間有密切的關係，但前者似乎首先表達耶穌對愛父的渴望，而洞開的心與流出的血和水則首先表達祂對世人的慈愛。此外，渴的呼喊是話語，肋旁被刺透則是舉動，一個完全被動的舉動。《創世紀》關於創造有兩篇敘述，第一篇較強調天主的話語，第二篇則著重於祂的動作，而動作比話語更能表達天主對人的愛。此處亦然，耶穌的心被刺透似乎比渴的呼喊更能表達促使耶穌犧牲到底的愛。聖心的洞開，已斷氣的耶穌默默地向我們啟示祂對天父和對我們的無可言喻的愛情，這乃是整個啟示的高峰。關於這一點，《天主教教理》採用教宗比約十二世的話：「為了我們的罪和我們的得救而被刺透的耶穌聖心，『是被視為那無限慈愛的主要標記和

---

2. 教會聖師聖女加大利納口述編纂，聞道出版社。

184

# 9 —— 聖週五：耶穌光榮的苦難

象徵，神聖的救贖主就是以這愛不斷地愛永恆聖父和所有的人。」（《天主教教理》478）

最後《若望福音》記載：「那看見這事的人就作證，而他的見證是真實的；並且『那位』知道他所說的是真實的，為叫你們也相信。」（《若望福音》19：35）在四部福音中，似乎是此處最為強調某個見證的重要性：若望親眼看見了，他作證，他要我們絕對相信這是真的！這種表達方式告訴我們，這件事對我們格外重要。我們的基督徒生活，尤其是祈禱生活，離不開耶穌被刺透的肋旁。我們首先應在心禱中經常瞻仰耶穌洞開的心，如同37節所說的：「經上另有一句說：『他們要瞻望他們所刺透的。』」這句話使我們明白天主願意我們特別瞻仰為我們被刺透的耶穌。我們已經看過耶穌所說的：「當我從地上被舉起來時，便要吸引眾人來歸向我」（《若望福音》12，32），被舉起來的耶穌格外能吸引我們。現在聖若望告訴我們，當我們瞻仰被舉起來的基督時，應特別注視祂被刺透的肋旁：最能喚醒我們對祂的愛的，就是祂被刺透的肋旁，因為正如《天主教教理》478所說的，它是耶穌對天父和對世人的愛的主要標記。

第37節並強調：「他們要瞻望他們所刺透的。」當我們在祈禱中瞻仰被高舉

185

## 復活節的意義

的耶穌其洞開的聖心時，我們所瞻仰的不是別人所刺透的，而是自己所刺透的：祂是為我們自己被刺透的，祂是因為我們自己的罪而被刺透的！當我們以這種心態瞻仰耶穌時，祂才能完全吸引我們，因為我們就意識到這奧蹟與我們自己有直接的關係，天主子真的瘋狂地愛我們這個罪人。

同時，從耶穌洞開的肋旁流出的水代表祂的一份強烈邀請：祂請求我們不斷地到祂聖心那裡汲取活水，即祂的聖神和聖神傾注在我們心中的神性之愛。耶穌對我們罪人說：「我渴！請給我水喝！」祂渴望我們的愛，而我們深深意識到我們憑自己無法回應祂的呼喊，因為我們對祂的愛太有限，因此祂也對我們說：「投奔到我洞開的心吧！來汲取活水吧！我，耶穌，願意將自己聖心的愛灌注在你心中，使你變得有能力回應我愛的呼喊。」耶穌（新郎）賞賜我們（新娘）、以祂自己的愛愛祂，並與祂合而為一。

此外，我們也應注意第36節所說的：「不可將祂的骨頭打斷。」（參閱《出谷紀》12：46）《聖若望福音》採用《出谷紀》關於逾越節的羔羊的話語，告訴我們真正的逾越節羔羊乃是被刺透的耶穌，是祂把我們從埃及所象徵的──即罪惡的奴役中釋放出來。藉著從祂的肋旁流出的血和水，祂不但向我們啟示祂對我

186

## 9 —— 聖週五：耶穌光榮的苦難

們的無限慈愛、使我們愛祂與天父，並且祂也使我們能夠如同祂那樣愛別人，使我們的心相似祂極溫良的心、樂意被刺透的心。鐵石之心，即自私、封閉、自我保護的心，是不會被刺透的，因為它太硬，所以槍進不去；只有血肉的心、像耶穌那樣溫良慈善的心，才能被刺透。耶穌給我們換上祂自己的心，使我們能夠與祂一起被刺透，意思是靠著耶穌，我們不再自私地自我保護，我們樂意為別人犧牲、受苦、受傷、受侮辱，以便為他們成為愛與新生命的泉源。如此，我們就真正地從罪惡的死亡中被羔羊所釋放：「我們知道，我們已出死入生了，因為我們愛弟兄們；那不愛的，就存在死亡內。」（《若望一書》3：14）

這些事幫助我們明白，雖然宣講耶穌聖心的慈愛非常重要，但為它作證的主要方式並不是講道理，而是如同耶穌一樣為愛而被釘、被刺透，即在日常生活中不斷地活出耶穌的慈悲、寬恕、溫良、謙卑的服務、默默的自我犧牲等。如果我們只想做個宣講家，而不願與耶穌一起將自己奉獻到底，那麼儘管我們因講得精闢而能帶給別人光，卻不會像祂那樣成為活水的泉源；活水只能從被刺透的心湧出！

## 復活節的意義

最後，我想提的是：肋旁被刺透時，耶穌已經死了，祂的靈魂已經離開了祂的身體，所以耶穌無法奉獻此創傷。因此它是保留給聖母的，因為當時在十字架下唯有她圓滿地參與耶穌愛的祭獻，也只有她準備好領受被釘而受光榮的耶穌所賜予的活水、聖神，站在十字架下的其他人都不瞭解；是她應把耶穌肋旁的傷口奉獻給天父，意思是樂意接受兵士的荒謬行為所帶給她的終極痛苦，並喜歡天父願意利用此荒謬的邪惡來賜給世人祂全部的愛、願意耶穌洞開的肋旁所代表的無限慈愛給天父來賜給最大的光榮。我們也要效法聖母，不但在彌撒與心禱中，並且也要在生活中這樣做，意思是樂意接受天父容許發生在我們身上的一切，尤其是那些似乎沒有任何意義的邪惡，例如毫無理由地落在我們或我們所愛的人身上的疾病與痛苦、別人無意帶來的不愉快、團體生活帶來的委屈和無意義的痛苦等等；我們願意在感恩中把這一切奉獻給天父作為愛的祭品，因為我們確信祂願意利用它們來淨化我們、聖化我們、賜給我們活水、把我們藏在耶穌聖心的傷口裡，並使我們也成為活水的泉源。

渴的呼喊與被刺透的肋旁兩者密不可分。如同我們首先是藉著聖體聖事而聆聽耶穌渴的呼喊，同樣我們也首先是在聖體內領受並默觀耶穌被刺透的心；正如

188

## 9 ── 聖週五：耶穌光榮的苦難

我們需要聖母才能領悟渴的呼喊最深的意義，同樣，在她身邊我們才能領悟肋旁的傷口全部的內涵，並為此奧蹟作證。聖母把耶穌的話默存在心中：「誰看見了我，就是看見了父。」（《若望福音》14，9）既然如此，那麼藉由耶穌渴的呼喊，我們也能聆聽父向我們呼喊：「我渴！」藉由耶穌洞開的心，我們也進入了天父的心中，並安息在祂的懷裡。基督的光榮苦難乃是天主聖父對世人的無限慈悲的啟示和施與。

# 10
## 聖週六:聖墓的奧蹟

## 復活節的意義

聖週六也許是整個禮儀年中最特殊的日子。以前，教會在這一天就開始唱「阿肋路亞」，有一種進入復活節的氛圍；但在近幾十年，教會改革了逾越節三日慶典的禮儀，要求我們在復活節前夕守夜禮之前不唱「阿肋路亞」，也不能有進入復活節的氛圍。這是為了使我們用心過好聖週六這一天，而不要直接從苦難到復活。換言之，教會要求我們重新重視聖週六，並努力瞭解它的意義。既然這是教會的要求，我們就應把它當作是聖神對現代基督徒的特殊召叫：活出「聖墓的奧蹟」。儘管那一天我們會忙於準備復活節，尤其是負責禮儀的人，但我們不要完全陷入這些外在的事務，而應祈求聖神幫助我們發現並領受專屬於聖週六的恩寵。

何為聖週六的恩寵？我想首先我們應該注意的是那天是安息日（參閱《馬爾谷福音》15：42；《路加福音》23：54；《若望福音》19：31）。教會對這件事的一個傳統解釋為，正如在最初時，「到第七天天主造物的工程已完成，就在第七天休息」（《創世紀》2：2），同樣，耶穌完成了救世的偉大工程之後，就在「休息」在墳墓裡；這是最後一次的安息日、降生成人的天主子被祂所創造的人釘死在十字架上之後的安息⋯⋯。

192

此外，我們可以先看三部福音關於耶穌被釘死之後所發生之事的記載。「有許多婦女在那裡從遠處觀望，她們從加里肋亞就跟隨了耶穌為服事祂。其中有瑪利亞瑪達肋納，雅各伯和若瑟的母親瑪利亞與載伯德兒子的母親。到了傍晚，來了一個阿黎瑪特雅的富人，名叫若瑟，他也是耶穌的門徒。這人去見比拉多，請求耶穌的遺體，比拉多就下令交給他。若瑟領了耶穌的遺體，就用潔白的殮布將祂包好，安放在為自己於岩石間所鑿的新墓穴內；並把一塊大石頭滾到墓口，就走了。在那裡還有瑪利亞瑪達肋納和另外一個瑪利亞，對著墳墓坐著。」（《瑪竇福音》27：55－61）聖瑪竇的這幾句話的重點似乎是：有幾位聖善的婦女很關心耶穌的遺體，而富人若瑟把祂安放在自己的墳墓裡，並把一塊大石頭滾到墓口，誰也進不去。

《聖若望福音》所強調的是阿黎瑪特雅人若瑟因怕猶太人，於是不公開、而是「暗中作了耶穌的門徒」（《若望福音》19：38）。並且不只有他一個「男教友」，還有尼苛德摩：「那以前夜間來見耶穌的尼苛德摩也來了」（《若望福音》19：39）；他是猶太人的首領，似乎也不想讓別人知道他被耶穌吸引。他們雖然原本不敢公開作耶穌的門徒，但在最困難、宗徒們都逃散的時候，這兩

## 復活節的意義

位「教友」勇敢地走出來安葬了耶穌的遺體。「他帶著沒藥及沉香調和的香料，約有一百斤，他們取了耶穌的遺體，照猶太人埋葬的習俗，用殮布和香料把他裹好。在耶穌被釘在十字架上的地方有一個園子，在那園子裡有一座新墳墓，裡面還沒有安葬過人，只因為是猶太人的預備日，墳墓又近，就在那裡安葬了耶穌。」（《若望福音》19：39-42）如果我們對照聖瑪竇和聖若望所記載的，就能瞭解當時的整個情形：新墳墓是屬於若瑟的，且離耶穌被釘的地方很近，那一天晚上又是預備日，第二天就是安息日，所以必須儘快處理耶穌的遺體，他們把耶穌安葬在那裡是為了方便；雖然尼苛德摩帶了一百斤的香料，但因時間不充裕，所以他們應該是匆忙地打理耶穌的遺體，然後就下葬了。

最後，讓我們看《聖路加福音》專有的幾句話：「從加里肋亞同耶穌來的那些婦女在後邊跟著，觀看那墓穴，並觀看耶穌的遺體是怎樣安葬的，她們回去就預備下香料和香膏，安息日她們依照誡命安息。」（《路加福音》23：55-56）這幾句話使我們明白，那些聖善的婦女看到兩個男人匆促地整理了一下耶穌的遺體，而且她們可能認為男人不太懂這些事，所以她們很難受，就回去準備香料，等到安息日過後再來重新處理耶穌的遺體。她們的這種想法是一種禮儀性的計

194

## 10 —— 聖週六：聖墓的奧蹟

畫，因為凡是涉及到耶穌身體的舉動都是禮儀的行為。她完全沒有想到耶穌會復活，只想儘快完成她們的禮儀計畫，把耶穌的遺體打理好。

以上三段福音都是關於聖週五晚上發生的事；之後，從聖週五晚上到復活主日清晨，四部福音都不再有任何記載——大空白①。這使我們想到一些教父所說的：聖經有許多我們需要努力瞭解的話，但也有一些我們需要努力瞭解的沉默。

福音為什麼沒有記載聖週六所發生的事呢？豈不就是為了告訴我們聖週六的特色即是一個大靜默、大空白嗎？

我們梳理一下那天的情況：

1. 那天是安息日。
2. 耶穌不在世上了。
3. 除了若望，宗徒們都逃走了；其實《若望福音》有關耶穌復活的第一個敘述告訴我們，當時若望也「尚未明白耶穌必須從死者中復活的那段聖經。」（《若望福音》20：9）雖然從聖週五晚上開始，若望把聖母「接到自己家裡」（《若望福音》19：27），他和聖母在一起，但他也不明白耶穌一定會復活。耶穌的其他

---

195　1. 關於聖週六，請參見星火文化出版《被遺忘的那個星期六》，穆宏志神父著。

## 復活節的意義

門徒似乎都如同厄瑪烏的兩個門徒一樣，活在失望中。勇敢地安葬耶穌遺體的若瑟與尼苛德摩也不期待耶穌復活。

4. 聖婦們也不明白耶穌會復活，她們只有一個想法：過了安息日，儘快重新打理耶穌的遺體。

5. 猶太人的首領很高興，因為他們終於成功了：耶穌死了。但福音記載：「第二天，即預備日以後的那天，司祭長和法利賽人同來見比拉多說：『大人，我們記得那個騙子活著的時候曾說過：三天以後我要復活。為此，請你下令，把守墳墓直到第三天；怕祂的門徒來了，把祂偷去，而對百姓說：祂從死人中復活了。那最後的騙局就比先前的更壞了！』比拉多對他們說：『你們可得一隊衛兵；你們去，照你們所知道的，好好看守。』他們就去，在石上加了封條，派駐衛兵把守墳墓。」（《瑪竇福音》27：62－66）可見他們雖然很高興耶穌不在了，但同時也有點擔心。

6. 至於比拉多，他應該對耶穌的事件終於解決、並且沒有發生太嚴重的暴動而感到滿意。不過他應該也還是有些不安，因為他讓一個無辜的人死了，他對此有責任，《瑪竇福音》記載：「比拉多正坐堂時，他的妻子差人到他跟前說：

## 10 —— 聖週六：聖墓的奧蹟

「你千萬不要干涉那義人的事，因為我為祂，今天在夢中受了許多苦。」（《瑪竇福音》27：19）而且《若望福音》記載，猶太人對比拉多說：「祂自充為天主子。」比拉多聽了這話，越發害怕，遂又進了總督府，對耶穌說：「你到底是哪裡的？」（《若望福音》19：7-9）因此比拉多知道自己的做法是錯的；但也許他認為他不得不犧牲一個無辜的人，以避免發生更嚴重的暴動。因此，唯有聖母瑪利亞在圓滿的信德、望德和愛德中，按照天主的上智與旨意度好了那一天——最獨特的一次安息日、耶穌的遺體「休息」的日子。我們今天如果願意中悅天主，就要努力瞭解聖母如何度過聖週六，並求她教導我們也像她一樣地活這一天。

但我們剛說過，福音關於聖週六沒有任何記載，我們又如何能知道聖母怎樣度過那一天？這些思考會不會是我們的想像與主觀的感覺？事實上我們並非憑自己主觀的感覺講論這些事，而是基於神學的思想，即教會有關聖母瑪利亞的重要道理；我們是在教會的信仰中，努力去發現聖母如何面對耶穌的死亡、被埋葬與復活。我們需要注意一點：神學（包含靈修神學）並不是憑自己主觀的感覺作探

## 復活節的意義

索,而是在教會的信仰內,運用理智努力瞭解天主所啟示的真理。

聖母總是以耶穌為中心,跟隨祂、為祂而生活;因此為能瞭解聖母如何度過那一天,我們需要先看耶穌「聖墓的奧蹟」。耶穌在十字架上確實死了,而死亡是靈魂與肉體的分離;因此,安葬在墳墓裡的不是耶穌的身體,而是耶穌的遺體。

從哲學的角度來看,人的屍體和身體乍看下雖然相似,但事實上完全不一樣了。當一個人過世之後,我們不應該說我們去看這個人、在他身邊祈禱,因為他已經不在那裡了,我們所看到的已不是他,而是他的遺體。我們在他的遺體旁祈禱是很合理的,這是對他的一種尊敬,但我們應清楚這並不是他,這具屍體已經沒有靈魂了,過幾天就會腐朽,最後什麼都沒有。已死的人成了一個沒有身體的靈魂。

因此,安葬在墳墓裡的耶穌遺體如同其他的遺體一樣,是個沒有靈魂的屍體。雖然如此,教會卻認為耶穌的遺體和其他的遺體並不盡相同:「基督的死亡是真實的死亡,因為它結束了祂的塵世生活。但由於祂的肉身跟聖子位格的結合,並未受到其他屍體一般的遭遇,因為『祂不能受死亡的控制』」(《宗徒大

198

事錄》2：24），這是教會的信仰，是我們必須相信的。耶穌只有一個位格，即天主第二位——子的位格，所以耶穌遺體仍然存在於天主第二位內。耶穌遺體的存在，是天主第二位的存在，如同耶穌活著的時候，祂的存在是天主第二位的，這是為什麼祂不可能腐朽。教會的這項傳統道理具有聖經的根據：「我的肉軀無憂安眠，因為你絕不會將我遺棄在陰府，也絕不讓你的聖者見到腐朽。」（《聖詠》16：9-10）並且宗徒大事錄記載，伯多祿和保祿宣講基督時，都引用了聖詠的這句話（參閱《宗徒大事錄》2：27；13：37）。

此外，在耶穌死亡和復活之間，祂的靈魂發生了什麼事？福音並未記載，但書信中有相關的章節。保祿說：「說祂上升了，豈不是說祂曾下降到地下嗎？」（《厄弗所人書》4：9），「祂降到地下」這句話雖然不很清楚，但教會認為它是根據。另兩處較為明顯，伯多祿說：「祂藉這神魂，曾去給那些在獄中的靈魂宣講過」（《伯多祿前書》3：19）；「也正是為此，給死者宣講了這福音」（《伯多祿前書》4：6）而「宗徒信經」——教會非常古老的信仰宣誓，說：「祂下降陰府。」「陰府」是什麼？《天主教教理》如此表達教會對此奧蹟的傳

## 復活節的意義

統信仰：「基督死後所降到的死者的居所，聖經稱之為陰府，因為在那裡居住的人不能見到天主。原來在等待救贖者期間，這是所有死者的命運，無論他是壞人或義人；但這不表示他們的命運是一樣的，正如耶穌在「被送到亞巴郎懷中」的貧窮拉匝祿比喻中所闡明的。正是這些義人靈魂，他們在亞巴郎懷中期待他們的解救者，並要由下降陰府的耶穌所解救。耶穌下降陰府，並非為救那些下地獄的人，也非為毀滅地獄，而是為拯救那些先祂而去世的義人。」（《天主教教理》633）就如我們的身體尚未復活之前所在的「天堂」、「地獄」和「煉獄」都不是具體的地方，同樣「陰府」也不是具體的地方，而是靈魂的某種狀態。在榮福直觀中的靈魂狀態叫做「天堂」；永遠跟魔鬼在一起的靈魂狀態叫做「地獄」；在耶穌死之前，已亡之人的靈魂狀態叫做「陰府」。耶穌下降陰府時所釋放的，並不是惡人的靈魂，而是那些先祂而去的義人之靈魂。

聖週六的日課誦讀二是一篇非常著名的講道詞，作者以詩意的方式描述耶穌的靈魂下降陰府：「發生了什麼事？今日大地一片寂靜，一片荒涼。大地寂靜顫慄，因為天主在肉軀內安眠，而喊醒了萬籟無聲，因為君王睡著了；大地寂靜顫慄，因為天主在肉軀內安眠，而喊醒了從古以來的長眠者⋯⋯主基督去找尋元祖父，好像找尋亡羊一般⋯⋯我要命令

200

你：你這睡眠著，醒來吧！……從死者中復活起來吧！我是死者的生命。……快醒來，從這裡出去吧！……由智品天使所簇擁的寶座業已備妥；抬轎的人都準備好了，洞房也安排好了；宴席備好了；永遠的帳幕，永遠的住所，裝飾好了；萬善的寶庫也都開啟了；天上的王國，在萬世以前、就已準備好了。」（聖週六的一篇講道詞）

這篇道理強調耶穌非常喜樂地把亞當從陰府裡釋放出來，並且不是在祂復活後，而是立刻。關於這一點，我們可以看十字架上的耶穌對右盜所說的：「我實在告訴你：今天你就要與我一同在樂園裡。」（《路加福音》23：43）耶穌說的不是「過了三天，我復活後，你就會在樂園裡」，而是說「今天你就要在樂園裡。」

教會也如是說：「基督死後，連同與天主性位格結合的靈魂降到死者的居所，給那些先祂而去的義人們開啟了天門」（《天主教教理》637）；「在吾主耶穌基督受苦受死後，這些靈魂，在榮福直觀中直到現在，仍然面對面地看天主的本質……」（《天主教教理》1023）教理說的不是基督復活後，而是基督死後就給他們開啟天門、使他們面對面地觀看天主的本質；陰府裡的靈魂並沒有等到耶穌復活之後，才進入榮福直觀。因為祂藉著死亡已完成了救贖工程，所以祂立即

## 復活節的意義

將他們從陰府裡釋放出來，使之進入天堂。此外，聖週六的這篇道理特別讓我們明白，雖然亞當經過漫長的等待，但他在陰府裡的苦楚較之於耶穌所從亞當到最恆幸福是絕對無法相比的！耶穌下降陰府的奧蹟實在偉大：祂讓所有從亞當到最後一個先祂而去的義人之靈魂立刻進入天主的光榮中！不僅是以色列子民的，也是全世界各民族——包含我們祖國的義人們的靈魂，在耶穌死後就一起進入了天主永恆的真福裡！

這些是教會關於耶穌被安葬的遺體及祂下降陰府的靈魂的基本信仰。現在我們就可以回到聖週六的核心問題：聖母如何度過這一天？《默示錄》關於基督的忠貞門徒們說道：「羔羊無論到那裡去，他們常隨著羔羊。」(《默示錄》14：4) 這句話最適合聖母瑪利亞，她是跟隨羔羊無論祂到那裡去的第一位門徒，在聖週六那天亦然：她跟隨耶穌那下降陰府的靈魂，也跟隨祂被安葬的遺體。我們可從這兩方面來談。

1. 從耶穌的靈魂方面：聖母的靈魂不能如同祂的靈魂那樣下降陰府，但教會告訴我們，聖母從未受過任何原罪的沾染，且她擁有圓滿的信德，因此我們

202

以說，由於她無玷的精神和圓滿的信德，並依靠舊約聖經及耶穌的話語，神的光照下，對耶穌的靈魂下降陰府的奧蹟有某種認識，並以某種方式活出此奧蹟。雖然她因著耶穌的苦難與死亡而極其痛苦，但耶穌靈魂下降陰府的奧蹟卻帶給她深切的喜樂，因為耶穌去釋放那些一直在等待中的靈魂：亞當、厄娃、亞巴郎、梅瑟、達味，以及聖母所有的義人祖先，尤其是她的父母聖若敬和聖亞納，還有耶穌的養父聖若瑟——他應該早於耶穌而死。聖母知道他們終於進入榮福直觀，耶穌十字架上的大勝利已彰顯在他們身上了，她能不為他們感恩嗎？

2. 從耶穌的遺體方面，聖母非常確定耶穌第三天會復活，因為祂說過：「祂必須上耶路撒冷去，要由長老、司祭長和經師們受到許多痛苦，並將被殺，但第三天要復活。」（《瑪竇福音》16：21）所以聖母在聖週六的基本態度便是熱期待耶穌的復活，並懇求天父使耶穌儘快復活，使祂那受盡了痛苦的身體儘快受到光榮、使祂重新成為祂本來所是的最卓越之「生活者」（參閱《默示錄》1：18），並把天主愛的大勝利喜訊傳報給世人！但我們要注意聖母的等待與一般人的等待並不相同；我們受到考驗時，往往不是以熱心的愛來善用它，而是以人性的方式、努力忍耐熬過去並希望它早日結束。聖母如何等待耶穌的復活？她是一

# 復活節的意義

個非常實在的人——這並非我主觀的看法,而是神哲學的認識,因為活於當下、生活在事實當中乃是人性的一個基本要求,所以聖母必然是這樣的人。她雖知道耶穌會復活,並期待祂的復活,但她活於當下,而當時面對的事實就是耶穌冰冷、被刺透的遺體。天主願意聖屍留在墳墓裡,所以聖母把它當作是她應積極善用的、天主美妙的恩賜。如何理解這份恩賜?為什麼天主不願意耶穌死後就立即復活,而願意遺體留在墳墓裡?對聖母有何益處呢?的確,這最後一次的安息日其主要目的不在於讓耶穌的遺體安息——屍體是不會休息的,因為在沒有生命的物體身上並不存在「休息」;「耶穌的遺體安息在墳墓裡」乃是象徵性的說法,表達耶穌已經完成救世大業了。因此,事實上那天首先是天主為聖母安排的安息日;天主願意她「安息」在耶穌的遺體旁,以期待祂的復活。讓我們努力去瞭解這一點。

因著那天的情況(我們之前已描述過),聖母只能在極度的孤獨與貧窮中面對耶穌的遺體;其實,她不能守在聖屍旁,因為是安息日,而且墓門已被堵住了;她在純粹信德的黑夜及熱心的愛德的靜默中凝視自我犧牲的耶穌之遺體。在

204

## 10 —— 聖週六：聖墓的奧蹟

十字架下，她雖然痛苦萬分，但還有耶穌的臨在，祂的架上七言有如黑夜中的星光繼續光照她；然而聖週六那天什麼也沒有了，只有絕對的孤獨與黑暗；聖墓裡的黑暗與冰冷的沉默不就是聖母那天內心的黑夜與孤獨的象徵嗎？

雖然如此，但她心靈深處依然充滿著信望愛三超德，甚至她的三超德不斷成長：她在黑暗中越來越確信耶穌是勝利者，在徹底的貧窮中越來越盼望天主愛的勝利很快就會彰顯在復活的基督身上、在愛的靜默中越來越與成為愛的祭品的耶穌合而為一。而既然耶穌被刺透的肋旁，即耶穌聖心的傷口，是天主對人類愛的主要標記，我們就可以確定聖母的心在聖週六片刻未曾離開此愛的傷口。關於這一點，有人在研究都靈殮布時，發現肋旁傷口的位置有被人手摸過的痕跡，他認為可能是聖母在耶穌的遺體被卸下後，撫摸了這代表天主對她和對世人的「過分」之愛的傷口。從基督的肋旁被刺透開始，一直到耶穌復活的時刻，她都隱藏在聖心的傷口裡，默觀此無限慈愛的奧蹟，並在朝拜中把聖傷奉獻給天父。而且她越是如此，也就越渴望耶穌復活，好讓天主愛的大勝利被傳報給萬民，首先給那些仍存留在苦難陰影下的門徒，並給所有尚未接受天主之光的人們。但同時，她以完美服從的心態把耶穌復活的時刻交給父，她一無所求，只願父的旨意成就

## 復活節的意義

在耶穌與自己的身上。基本上，這就是聖母期待耶穌復活的方式。

現在我們可以回到一開始的問題，對我們而言，聖週六的恩寵是什麼？前面所講的有關耶穌與聖母的道理與我們有何關係？對我們有何意義呢？根據我們關於聖母所說的，我們可以用兩點來總結對此問題的回答：

1. 從耶穌的靈魂方面：現在已沒有「陰府」了，但有煉獄；雖然兩者不盡相同，但它們的主要特色是一樣的，都是靈魂等待進入榮福直觀的「地方」。因此，我們在聖週六時可以特別為煉靈祈禱，尤其是被遺忘的煉靈，這似乎是我們活出耶穌下降陰府的奧蹟的一個具體方式。我趁此機會提醒大家，按照教會的道理，每位天主教徒天天都可以為自己或為一個煉靈得到全大赦，並且是相當容易得到！

2. 從耶穌的遺體方面：無疑地，聖神在聖週六願意賜給我們的主要恩寵就是使我們與聖母一起，默觀耶穌聖心的傷口，即天主對我們自己和對全人類的無限慈愛的記號。因此，今天我們不應做自己的事來打發時間，而應求聖母幫助我們像她一樣接受聖週六空白的感覺，即聖週六的孤獨和貧窮；我們要在耶穌的墳

206

# 10 —— 聖週六：聖墓的奧蹟

墓旁默默地注視為我們受難、死亡、被刺透和被埋葬的耶穌，求祂把我們隱藏在祂的聖心裡，為能日益領悟並活出天主的愛，即愛我們到底的耶穌，且把自己的生死與耶穌一起完全奉獻給天父。這樣我們就會真實地期待並準備耶穌的復活，不是熬過去，而是渴望天主愛的大勝利完全彰顯在我們和所有人身上。

最後，在這節道理一開始我說過，如今聖墓奧蹟的重點，還有更重要的事：有位神學家認為，耶穌的身體與靈魂的分離象徵教會的一種分裂，即看得到的聖統制——身體與「精神上」的教會——靈魂兩者的分裂。意思是為現代的天主教徒較為普遍的誘惑在於，認為教會的聖統制是毫無用處的外殼，甚至有人會以為它是對真正的基督徒生活的障礙；為他們而言，真正的教會不是聖統制、而是「精神上」的教會，即追求精神上的事、發展內在生命、靈修生活或

## 復活節的意義

「有神恩」的人，與聖統制沒有關聯。人們因而開始遠離教會的聖統制，甚至逐漸忽略聖事，因為他們感覺不到這些傳統的外在禮儀對他們有何益處等等。這種思想顯然不符合我們的信仰。正如基督的身體與靈魂分離後，二者仍繼續存在於天主第二位內，因而保持合一；同樣，教會的聖統制與她「靈性」的面向也是不可分的。梵二大公會議強調在天主愛的計畫中，聖統制是以信徒的聖德為目標。因此我們不要上魔鬼的當：熱切追求靈修生活的人千萬不可遠離聖統制，不可忽略聖事，尤其是聖體聖事；而屬於聖統制的人，即教宗、主教、司鐸和執事，則不可只滿足於完成外在的事務，應不斷加深自己的靈修生活，並對聖神所賜給教會的神恩和各種恩賜保持開放的態度。這是教會活出聖週六奧蹟的一個具體方式；但最重要的還是與耶穌的遺體相連的部分。

2. 今日世界與聖母當時面對的具體情況顯然有極為相似之處：正如聖週六那天耶穌死了，人們再也看不見祂、聽不到祂的聲音，同樣，如今我們在全世界似乎越來越不容易聽到天主的聲音、不容易看到祂臨在的標記。現代的世界經常拒絕基督和祂的福音，甚至有些哲學家宣佈「上帝已死」！同時，正如聖週六唯有聖母保持了活潑的信德，同樣，如今保持活潑信德的人似乎不多，儘管有不少人

208

## 10 —— 聖週六：聖墓的奧蹟

繼續自稱是基督徒，但他們的實際生活與無信仰者的生活沒有什麼差別。總之，雖然在今日世界，我們還會看到教會和人類富有活力與希望的面向，但整體而言，今日基督徒所面臨的情況有如一個「大聖週六」。對聖母而言，聖週六的一個重要目的即是加強她對基督復活的渴望；但對我們而言，祂已經復活了，因此今日的我們應熱切期待的，不再是祂的復活，而是祂光榮地來臨。

聖母在聖週六時，於極度的孤獨和貧窮中默觀耶穌被刺透的肋旁而期待祂的復活，今日的教會豈不也應該以類似的方式期待耶穌第二次的來臨呢？

具體而言，這意味著我們首先需要在這經常否認天主的存在、並視基督徒信仰為愚昧的世界中，活出堅定不移及充滿希望的信德。教理說：「在基督來臨前，教會將要經歷一個動搖許多信徒信仰的最後考驗」(《天主教教理》675)；「基督王國的勝利在邪惡的勢力作最後的攻擊前，不會來到。」(《天主教教理》680)

此外，我們應非常渴望與聖母一起，在信德的黑暗中默觀耶穌聖心的傷口。世界越是外在化、追求感覺上的滿足，並陷於拜金主義與享樂主義中時，我們也

## 復活節的意義

就越應追求內在化及神貧的超性生活，為世人的救恩而樂意接受心靈的黑夜、祈禱生活的枯燥，經常在不被理解及無任何感覺上的藉慰中，繼續努力靜默地注視耶穌洞開的心，以便為口渴的人類汲取活水；如同聖女小德蘭所言：「我最大的安慰就是沒有任何安慰。」這種貧窮的默觀祈禱並不等於是一種悲哀的態度，仿佛世上的一切都是邪惡與痛苦似的，不，聖母使我們分享她心靈的喜樂，因為我們確信基督已大獲全勝了。我們靠著祂也大獲全勝，我們已獲有永遠的生命，且祂把此生命傳給世人。並且，我們越這樣凝視耶穌聖心的無限慈愛，也就越渴望祂盡早回來，好讓人類圓滿地領受天主愛的大勝利。「為此，基督徒們祈禱，尤其是在感恩祭中催促基督再來，對祂說：『吾主，來吧！』」（《天主教教理》671）

不過，請勿誤解我的意思：我並非主張當代教會只要與聖母一起，默默地存留在耶穌的墳墓旁，什麼都不用做；教宗方濟各不斷地呼籲大家都要出去傳福音！我們當然要繼續以各種方式積極福傳，但同時如今教會似乎需要特別努力與「聖墓聖母」一起面對今日世界的挑戰，活於信德、熱愛被刺透的耶穌、樂意與祂一起受侮辱、自我犧牲、時常祈禱、默默地為世人轉求、奉獻自己，並熱

210

## 10 —— 聖週六：聖墓的奧蹟

切祈求耶穌儘快光榮地再來。而且教會也許需要一些特別屬於「女人的後裔」的人（參閱《默示錄》12, 17），他們完全投入「聖墓聖母」的召叫與使命，即喜樂地作隱藏的祭品的聖召。可敬者瑪德羅賓幾乎畢生都在一間像墳墓般的黑暗房間，躺在床上不能動，奉獻了她的生命與苦難；她不就是這種聖召的奇妙實現嗎？

教宗本篤十六世不啻也是天主對今日教會的這份召叫的小記號：他出生於一九二七年的聖週六；有人問過他如何看待此事，他回答說：「這是對復活的期待！」

# 11──復活主日：耶穌光榮的復活

## 復活節的意義

耶穌藉由祂的光榮苦難，完成了救贖奧蹟：「耶穌一嘗了那醋，便說：『完成了。』」(《若望福音》19：30)祂賠補了世人所犯的一切罪過，為我們成為聖神的泉源，並藉由下降陰府，解救了先祂而去世的義人們的靈魂。耶穌身體的復活又給救贖奧蹟帶來什麼呢？降生成人的天主子在世上所做的一切都是為了人類的救恩，那麼祂的復活對人有何益處？耶穌在十字架上雖已大獲全勝，但祂的光榮，即祂愛的勝利，是隱藏的；從外表上來看，耶穌的苦難與死亡是絕對的失敗。因此，假使耶穌沒有復活，我們就會缺乏一個極為重要的保證——對基督的苦難是勝利性的保證；因此聖保祿說：「如果基督沒有復活，你們的信仰便是假的。」(《格林多人前書》15：17)天主願意耶穌的肉身復活，以彰顯十字架隱藏的愛的勝利。耶穌身體的復活乃是一項愛的奧蹟，即祂靈魂的愛的勝利反映在祂的身體上，祂的肉身以自己的方式分享祂靈魂的愛的勝利。因此，耶穌復活的光榮不像一般人所追求的虛榮：祂復活後的外表很簡樸，祂也不顯現給大司祭們，以恐嚇他們或強迫他們承認祂是默西亞，祂只顯現給自己的朋友。並且祂復活後身上仍保有苦難的印記，作為祂永遠愛我們的標記。

## 11 ── 復活主日：耶穌光榮的復活

同時，耶穌身體的復活是一個記號，即祂本身就是復活，以顯示祂本身就是我們的復活與生命；意思是身為「永遠的生命」(《若望一書》1：2)，天主聖言來到世界上把我們從罪惡的死亡中解救出來，並將新生命，即天主性生命，灌注在我們身上，使我們的靈魂復活起來，如同聖保祿所說的：「基督怎樣藉著父的光榮，從死者中復活起來，我們也怎樣在新生活中度生」(《羅馬人書》6：4)，和「富於慈悲的天主，因著祂愛我們的大愛，竟在我們因過犯死了的時候，使我們同基督一起生活──可見你們得救，是由於恩寵──並且使我們同祂一起復活」(《厄弗所人書》2：4－6)。而聖若望則視兄弟愛德為此奧蹟的記號：「我們知道，我們已出死入生了，因為我們愛弟兄們；那不愛的，就存在死亡內。」(《若望一書》3：14)

此外，既然耶穌是祂奧體(教會)的頭，而我們是此奧體的肢體，因此，祂肉身的復活保證我們的肉身將來也要復活。我們的救恩首先是在靈魂上，但由於我們是靈魂與身體組合而成的存有，因此我們的身體也必須分享救恩。不過我們的身體要等到耶穌光榮的來臨時才會復活。天主願意除了聖母之外，所有得救的人死後都存留在靈魂與肉身分離的狀態中；在基督光榮的來臨時，我們將會一起

215

# 復活節的意義

復活。

現在我們就簡要地看福音關於復活的耶穌所記載的幾個重點，以幫助我們活出復活的奧蹟。首先是《聖馬爾谷福音》：「一週的第一天，清早，耶穌復活後，首先顯現給瑪利亞達肋納⋯⋯此後，他們中有兩個人往鄉下去；走路的時候，耶穌藉了另一個形狀顯現給他們⋯⋯最後，當他們十一人坐席的時候，耶穌顯現給他們。」（《馬爾谷福音》16：9，12，14）馬爾谷在此似乎簡單地總結了耶穌復活後的主要顯現。雖然祂也顯現給伯多祿（參閱《路加福音》24：34；《格林多人前書》15：5），但聖經並未記載具體的細節，所以我們就看聖馬爾谷所提出的三次顯現。

## • 耶穌顯現給瑪利亞瑪達肋納

她是誰？福音告訴我們：「耶穌曾從她身上逐出過七個魔鬼」（《馬爾谷福音》16：9），此後她跟隨了耶穌和門徒們（參閱《路加福音》8：2），耶穌受難時，她站在十字架下（參閱《若望福音》19：25），且是對耶穌的遺體有禮儀

216

## 11 ── 復活主日：耶穌光榮的復活

計畫的婦女們之一（參閱《瑪竇福音》27，61；《馬爾谷福音》15：47）。許多人認為她是瑪爾大的妹妹瑪利亞，但福音並未明確地告訴我們這一點。不過重要的是，她是一位剛皈依天主、並非常熱愛耶穌的婦女。

「一週的第一天，清晨，天還黑的時候，瑪利亞瑪達肋納來到墳墓那裡，看見石頭已從墓門挪開了。於是她跑去見西滿伯多祿和耶穌所愛的那另一個門徒，對他們說：「有人從墳墓中把主搬走了，我們不知道他們把祂放在哪裡。」」（《若望福音》20：1－2）瑪利亞瑪達肋納似乎想要第一個到墳墓那裡，以實現她對耶穌遺體的禮儀計畫，然而耶穌的遺體卻不在了，她的計畫泡湯！並且由於她完全沒有想到耶穌可能復活了，她只停留在人性的層次上，因此這對她而言不異是感情的大悲劇。

瑪利亞卻站在墳墓外邊痛哭；她痛哭的時候，就俯身向墳墓中窺看，見有兩位穿白衣的天使，坐在安放過耶穌遺體的地方：一位在頭部，一位在腳部。那兩位天使對她說：「女人！你哭什麼？」她答說：「有人把我主搬走了，我不知道他們把祂放在哪裡了。」說了這話，就向後轉身，見耶穌站在那裡，卻不知道祂

## 復活節的意義

就是耶穌。耶穌向她說：「女人，你哭什麼？你找誰？」她以為是園丁，就說：「先生，若是你把祂搬走了，請告訴我，你把祂放在哪裡，我去取回祂來。」耶穌給她說：「瑪利亞！」她便轉身用希伯來話對祂說：「辣步尼！」就是說「師傅。」耶穌向她說：「你別拉住我不放，因為我還沒有升到父那裡；你到我的弟兄那裡去，告訴他們，我升到我的父和你們的父那裡去，升到我的天主和你們的天主那裡去。」瑪利亞瑪達肋納就去告訴門徒們說：「我見了主。」並報告了耶穌對她所說的那些話。（《若望福音》20：11-18）

瑪利亞瑪達肋納完全被人性悲傷的情緒所淹沒，連天使們也無法喚醒她的理智、使她回到現實中。就在那時，耶穌主動前來接近她，但耶穌的兩個問題也都無法喚醒她，必須等到耶穌用她的名字呼喚她時，她才醒悟：唯有耶穌充滿愛的臨在才能使她醒悟。但耶穌立即淨化她：「你別拉住我不放（……）我升到我的父和你們的父那裡去，升到我的天主和你們的天主那裡去。」耶穌似乎要瑪利亞瑪達肋納明白祂已經不屬於這個世界，她不應再以人性的愛來對待祂，因為復活的耶穌想要賜給她的不是感情上的滿足，而是讓她與祂一起到父那裡去，意即使

218

## 11 —— 復活主日：耶穌光榮的復活

她分享耶穌與父之間的關係，並派遣她到宗徒們那裡去報告復活的喜訊。瑪利亞瑪達肋納原本非常不願意接觸宗徒們，因為當耶穌受難時，他們幾乎都拋棄了祂，但她與復活的耶穌相遇之後，就完全被更新了，樂意與宗徒們分享復活的喜樂。

這些事對我們有何意義？我想這段福音的基本教導在於告訴我們，復活的耶穌時常主動接近我們，渴望與我們每個人相遇，並帶給我們復活的喜樂。但為了能與祂相遇，需要淨化我們的情緒。雖然人性的感情和情緒本身並非不好，但它們若變得過於強烈，就會窒息我們的理智，阻礙我們活出信德，因為我們發信德時需要運用理智。有時，感覺之愛、快樂、悲傷、憤怒、嫉妒、恐懼等種種情緒會完全占據我們的心，使我們無法發現復活的耶穌在我們生命中的臨在，因而浪費許多時間在各種「墳墓」旁痛哭，而耶穌並不在那裡！祂已到父那裡去了，但祂仍然天天同我們在一起，以我們的名字呼喚我們，願意使我們從我們的「墳墓」中走出來，與祂一起復活、全心思念並追求天上的事（參閱《哥羅森人書》3：2）。

因此，我們必須不斷地喚醒理智並努力發信德才能與祂相遇；這乃是我們活

出復活奧蹟的基本方法。信德能使我們死而復活的耶穌的真實臨在和祂對我們的個人性的愛，這會在我們心中產生一種超越一切人性悲傷的超性喜樂：「凡是由天主所生的，必得勝世界；得勝世界的勝利武器，就是我們的信德。誰是得勝世界的呢？不是那信耶穌為天主子的人嗎？」（《若望一書》5：4－5），教宗方濟各說過：「喜樂會作出調適和轉變，但它是常存的，甚至像一絲微光，發自個人的堅定信念：畢竟我們存在於無限的愛內。我知道飽受困難的人容易悲傷難過，但即使在百般的煎熬中，我們也必須使信德的喜樂再活現。」（《福音的喜樂》6）信德使我們得以超越自己的情緒、而生活在復活耶穌的喜樂中，並樂意為復活，即為天主愛的大勝利作證，尤其是樂意幫助那些我們原本不想接近的兄弟姐妹體會到耶穌愛的勝利。

## ・耶穌顯現給厄瑪烏的兩位門徒

這段福音的前半部重點是，復活的耶穌主動走近處在極度失望和迷茫中的兩位門徒，並與他們同行；他們失望的原因是由於他們對默西亞的期待破滅了：

## 11 ── 復活主日：耶穌光榮的復活

「我們原指望祂就是那要拯救以色列的。」（《路加福音》24：21）（……）「耶穌於是對他們說：『唉！無知的人哪！為信先知們所說的一切話，你們的心竟是這般遲鈍！默西亞不是必須受這些苦難，才進入祂的光榮嗎？』祂於是從梅瑟及眾先知開始，把全部《經書》論及祂的話，都給他們解釋了。當他們臨近了他們要去的村莊時，耶穌裝作還要前行。他們強留祂說：『同我們一起住下吧！因為快到晚上，天已垂暮了。』耶穌就進去，同他們住下。當耶穌與他們坐下吃飯的時候，就拿起餅來，祝福了，擘開，遞給他們。他們的眼睛開了，這才認出耶穌來；但祂卻由他們眼前隱沒了。他們就彼此說：『當祂在路上與我們談話，給我們講解《聖經》的時候，我們的心不是火熱的嗎？』他們遂即動身，返回耶路撒冷，遇見那十一門徒及同他們一起的人，正聚在一起。」（《路加福音》24：25－33）

這段福音與耶穌顯現給瑪利亞瑪達肋納的那段章節顯然有不少相似之處：復活的耶穌主動接近在黑暗中的門徒，喚醒他們的信德，同時淨化他們並讓他們將復活的喜訊傳給別人。但在這裡，由於兩位門徒對默西亞抱持過於人性的希望，因此祂不但喚醒他們的信德，並且也特別喚醒他們超性方面的希望，即望德，好

221

## 復活節的意義

使他們發現祂的逾越奧蹟所帶來的希望遠超過他們原本的期待。同時，耶穌也指出他們的無知和遲鈍：他們由於不曾瞭解聖經關於默西亞所記載的真正內涵、無法以天主的智慧理解這些事，而產生了錯誤的希望；因此耶穌向他們解釋舊約中論及祂的話，尤其是針對祂的苦難與光榮的章節，使他們的心變得「火熱」，意即重新點燃他們心中真正的希望與愛的火焰。

此外，第30節所描述的：「就拿起餅來，祝福了，擘開，遞給他們」，必會使我們想起「主耶穌在祂被交付的那一夜，拿起餅來，祝謝了，擘開說：『這是我的身體。』」（《格林多人前書》11：23）；但《路加福音》並未明確地說耶穌在此成了聖體，並且正常而言，成聖體與成聖血是不可分開的，故此，我們無法確定祂當時是否成了聖體。聖路加意欲傳達給我們的訊息似乎是，復活耶穌的這項舉動直接涉及聖體聖事。既然聖若望保祿二世的聖體年牧函《請同我們一同住下吧》是以這段福音為主軸，因此無論耶穌當時是否成聖體，我們可以確定祂的一個重要特色在於賜給我們聖體——超性生命的食糧。接著，兩位門徒一旦認出了耶穌，祂就隱沒了。為什麼？因為耶穌的目的並不在於以看得見的方式留在門徒中間，而是喚醒他們的信德與望德。他們的心已火熱了，並且發現祂就是復

222

## 11 ── 復活主日：耶穌光榮的復活

活的耶穌，因此祂可以離開他們了。最後，他們如同瑪利亞瑪達肋納一樣，立刻去分享復活的喜訊。

這些事對我們有何意義？我想天主在此願意讓我們明白，為能與耶穌一起復活，我們不僅需要像瑪利亞瑪達肋納一樣，時常喚醒理智與信德，並且也需要如同厄瑪烏兩位門徒一樣，淨化我們的希望，培養真正的望德，越來越追求耶穌願意賜給我們的福分，即分享祂愛的勝利並與祂永不分離。

此外，這段福音也向我們啟示兩件很重要的事。其一是：唯有復活的基督才能使我們發現聖經最深的意義。我們無論是讀舊約或新約，應時常在基督的逾越奧蹟所啟示的愛的勝利的光照下瞭解天主的話。如此，每當我們聆聽天主聖言，並把它當作是天主對我們自己說的祕密時，我們的心就會變得火熱，因為聖神的光照下，我們會與為我們死而復活的耶穌相遇，祂會光照我們的心靈，並喚醒我們的希望。我們的精神會日益被天主的話所轉化、被天主那帶給人希望的光所照耀。

其二，聖體聖事是復活基督的臨在。我們說過我們在彌撒中所重現的，不是

223

## 復活節的意義

耶穌的復活而是祂的苦難;雖然如此,但耶穌的苦難與復活是分不開的,感恩祭使耶穌十字架的大勝利臨於祭臺上,因此在彌撒中,復活的奧蹟被賜給我們;聖體是受難、死而復活的耶穌聖事性的臨在。無論是在彌撒中、抑或朝拜聖體時,聖體聖事是我們與被釘、死而復活的耶穌親密相遇並分享祂的生命最卓越的具體方法。因此,我們應可以這樣總結這段福音:從死而復活的基督口中聆聽天主聖言,會喚醒並加強我們的望德,而聖體聖事則使我們在世上就開始達到我們所盼望的幸福,即與天主愛的結合,並越來越期待其圓滿的實現——榮福直觀。

## ・耶穌顯現給宗徒們

正是那一週的第一天晚上,門徒所在的地方,因為害怕猶太人,門戶都關著。耶穌來了,站在中間對他們說:「願你們平安!」說了這話,便把手和肋旁指給他們看。門徒見了主,便喜歡起來。耶穌又對他們說:「願你們平安!就如父派遣了我,我也同樣派遣你們。」說了這話,就向他們噓了一口氣,說:「你們領受聖神罷!你們赦免誰的罪,就給誰赦免;你們存留誰的,就給誰存留。」

## 11 ── 復活主日：耶穌光榮的復活

（《若望福音》20：19－23）

復活的耶穌喚醒了悲傷的瑪利亞瑪達肋納的信德，並喚醒厄瑪烏兩位門徒的望德，而在此，則是把祂的平安賜給活在恐懼中的宗徒們。祂在最後晚餐中已說過：「我把平安留給你們，我將我的平安賜給你們；我所賜給你們的，不像世界所賜的一樣。」（《若望福音》14：27）這句話使我們明白在整個逾越奧蹟中，耶穌心靈的最深處一直都處在不可動搖的平安中；然而祂強調祂的平安與一般人所追求的平安迥然不同，如何理解耶穌的平安？聖多瑪斯認為這種平安是上智之恩的果實。

上智之恩使耶穌深深體會到天主第一位對祂的父愛，且祂知道父愛是一切愛的根源，也知道祂與父之間的愛的合一勝過死亡，因此即使在苦難中，耶穌的靈魂也存留在無可言喻的平安中。當祂復活後，祂靈魂上的愛的勝利圓滿地彰顯在祂的身體上，因此，祂心靈深處的平安就散發到祂整個的人性上，使之處在完美的平安中。所以祂可以把這份平安——祂愛的勝利果實賜給宗徒們，使他們分享這果實。復活的耶穌也渴望把這份平安賜給我們每個人，尤其是在心禱中。聖神藉著上智之恩把我們隱藏在耶穌聖心的傷口裡，並使我們與耶穌一起安息在父懷

## 復活節的意義

裡，呼喊「阿爸！父啊！」這乃是愛德最深的行為。因此，我們在上智之恩的引導下，與復活的耶穌及天父親密結合，並體會到耶穌的平安，這也是活出復活奧蹟的一個重要方式。

「說了這話，便把手和肋旁指給他們看。」關於復活的耶穌顯現給宗徒們，聖路加這樣描述：「說了這話，就把手和腳伸給他們看」（《路加福音》24：40），他記載的不是耶穌的肋旁，而是祂的腳。我們在此看到聖若望的一個重要特色即是向我們啟示耶穌聖心的奧祕。在最後晚餐中，若望把頭斜倚在耶穌的聖心上；在十字架下，他看見耶穌的肋旁被刺透；而在耶穌復活的那天晚上，他繼續作證：肋旁永遠是洞開的！若望是耶穌聖心的神學家，凡渴望認識此聖心的人都應特別聆聽他的卓越訓誨，尤其是《聖若望福音》關於天主的愛所啟示的。

耶穌復活之後，永遠保留苦難的印記，因為這是祂對世人無限慈愛的永恆標記。我們將來在天上會永遠瞻仰復活耶穌的五傷，它們是天上的耶路撒冷的明燈，如同《默示錄》所說的：「羔羊就是她的明燈。（《默示錄》21：23）此外，既然祂的肋旁一直都是洞開的，祂復活後的生命便顯然不是人性的、而是超性的

## 11 —— 復活主日：耶穌光榮的復活

生命。

「願你們平安！就如父派遣了我，我也同樣派遣你們」：完全戰勝了邪惡與死亡的基督派遣祂的門徒。靠著祂，他們也會如同祂一樣戰勝邪惡與死亡，並為這份愛的勝利作證。教會的使命就是繼續耶穌的使命，具有與耶穌相同的目的，即把天主愛的勝利、平安與永生帶給世人，並且方法也是一樣的，即宣講福音、從事各種慈善事業、舉行聖事，並為了愛而自我犧牲。值得我們注意的是，耶穌派遣傳播復活喜訊的第一位門徒並非宗徒，而是瑪利亞瑪達肋納，接著是厄瑪烏兩位門徒；這意味著福傳使命並不只保留給教會的聖統制，而是託付給所有基督徒的；甚至有時是教友們把喜訊傳給聖職人員，如同瑪利亞瑪達肋納報告給宗徒們一樣。

「說了這話，就向他們噓了一口氣，說：『你們領受聖神罷！你們赦免誰的罪，就給誰赦免；你們存留誰的，就給誰存留。』」耶穌藉祂光榮的苦難，賠補了人類的罪過，使罪人得以與天父和好，並為我們賺得了聖神。因此，祂復活以後，就可以把聖神賜給宗徒們，並賜給他們以祂的名字赦罪的權柄：耶穌在此建立了和好聖事，並幫助我們瞭解祂的整個逾越奧蹟彰顯、賜下天父對罪人的無限

### 復活節的意義

仁慈。和好聖事是復活耶穌的恩賜；感恩祭使我們參與十字架的祭獻，和好聖事則使我們領受此祭獻的基本果實，即罪過的赦免。我們每次辦告解就是沐浴在耶穌的聖血內，耶穌的聖血洗淨我們的一切罪過，我們如同多默一樣，把手伸進耶穌肋旁的傷口裡，深深體會到耶穌對我們的無限慈悲，並藉著聖神的恩寵，我們得以從罪惡的死亡中復活起來，成為新受造物。天主原可以直接赦免我們的罪，但祂願意賜給我們和好聖事，以使我們經驗到耶穌對我們的慈悲。我們不應把和好聖事當作「洗衣機」，意即死板地告訴自己的罪，並把天主當作一部洗淨我們靈魂的機器。不，天主不是機器，而是瘋狂地愛著我們的慈父。在和好聖事中，我們應與為我們死而復活的耶穌相遇，祂以無限溫柔的愛擁抱我們，並賜給我們祂的平安。讓我們求耶穌使我們不僅為自己的益處、也為福傳的使命而經常善用這件美妙的聖事。

既然復活的基督派遣我們去傳福音，而教宗方濟各特別呼籲所有基督徒都應積極投入這項使命，我在此僅採用他的幾段很美的話，以喚醒大家對福傳的熱忱與希望：

「如果我們認為事情不會改變，我們要想一想耶穌基督已經戰勝了罪惡與死

## 11 —— 復活主日：耶穌光榮的復活

亡，如今充滿權能。耶穌基督真的活著。……復活和光榮的基督，是我們望德的水泉。傳教使命是祂交託給我們的，在履行使命遇有需要時，祂絕不坐視不管。」（《福音的喜樂》275）「基督的復活不是一件停留在過去的事件；它有貫穿這世代的生命力。……這就是復活的力量，所有去傳福音的人都是這力量的工具。」（《福音的喜樂》276）「基督的復活在各處召喚新世界的種子；即使它們被剪裁，還會繼續生長，因為復活已經不著痕跡地編織進歷史的結構中，耶穌復活沒有失效。在活生生的望德遊行中，我們千萬不要停留在此邊緣上。」（《福音的喜樂》278）

「因為我們不常常看到這些種子生長，我們需要一種心靈上的氣定神閒，深信天主能在任何狀況中，甚至是在明顯的挫折中行動：「我們是在瓦器中存有這寶貝。」（《格林多人後書》4：7）這種氣定神閒經常被稱為「一種對奧蹟的感應」。它涉及確切的認知，肯定所有在愛內把自己託付給天主的人都會結出好果子（參閱《若望福音》15：5）。這種豐產經常是看不到的、隱藏且無法統計的。我們相當有把握，知道我們的生命將是豐盛的，毋須說出如何、在哪個地點或哪時候。我們可以確定不論是愛的行動或真誠關懷他人的行動，無一會白費。

## 復活節的意義

不論為天主而愛的行為，或慷慨的努力，或痛苦的堅忍，無一會白費。這一切如同一股生命力，環繞著世界。有時候我們的工作看來徒勞無功，但傳教使命不是商業交易或投資，甚至不是一種人道行為而已。傳教不是一場表演，必須數算一下多少人因我們的宣傳而來；傳教是更深層的事，測量不了。可能主運用我們的犧牲，在世界另一個角落、我們永遠也不會到訪的地方灑下祝福。聖神按照祂的意願工作，祂願意的時間和地點；我們將自己交托給祂，不該自稱有權看到壯烈的成果。我們只知道我們的奉獻是必要的。在創新和慷慨的奉獻中，讓我們學習在父溫柔的懷抱裡憩息。讓我們繼續挺進前行；讓我們把一切都交給祂，讓祂在祂適當的時間，使我們的努力結出果實。」（《福音的喜樂》279）

現在，讓我們總結關於復活耶穌的顯現所說過的幾個重點。雖然這三次顯現皆以喚醒門徒們的信德為其基本目標，並且也都涉及望德與愛德，但同時每次顯現似乎強調復活奧蹟不同的面向：對瑪利亞瑪達肋納的顯現強調信德，它使我們走出自己人性的各種「墳墓」，並與復活的耶穌相遇；對厄瑪烏兩位門徒的顯現似乎比較強調望德，它使我們超越各種人性的願望，而全心追求分享復活基督的

## 11 ── 復活主日：耶穌光榮的復活

光榮；對宗徒們的顯現則強調愛德，它使我們分享耶穌愛的勝利與平安，並促使我們把它們傳給別人。這幫助我們明白，三超德不僅使我們能與祂一起復活；並且二者密不可分，因為苦難與復活是同一奧祕的兩個面貌，即天主愛的勝利的兩大面貌──三超德的生活使我們死於自我：這是苦難的面貌；為能活於基督內：這是復活的面貌。

最後，我想提出一個問題：耶穌復活後顯現給聖母了嗎？福音未曾記載此事。關於這一點，在教會內有不同的看法。既然耶穌對多默說過：「那些沒有看見而相信的，才是有福的」（《若望福音》20：29），而聖母的信德最大，並且最初依撒伯爾對她說過：「那信了由上主傳於她的話必要完成的，是有福的」（《路加福音》1：45），因此我們可以確定，聖母因其圓滿的信德並不需要耶穌顯現給她，但無法確定事實上祂是否顯現給了她。也許福音不曾提及正是為了告訴我們這並不重要，重要的是聖母確信耶穌復活了，她因其活潑的信德、熱切的望德與熾熱的愛德而是最有福的！

# 結語

我們的聖週避靜即將結束。耶穌的逾越奧蹟完全超越我們理智的能力，所以我們在這幾天所探討和所瞭解的都非常有限，我們應一生在聖神的引導下繼續不斷地加深對此無限偉大的愛情奧蹟的認識！儘管如此，我仍然希望這幾天的道理能喚醒大家對耶穌愛的勝利的信仰。基督徒信仰的最深特徵即是，天主出於祂對世人的無限慈愛，利用罪惡和罪惡的一切後果，來賜給我們祂自己的生命，並使我們分享祂的光榮，即祂愛的勝利。

此外，我希望這次的避靜也重新激起我們愛德的火焰，使我們如同所有的聖人聖女一樣，越來越瘋狂地熱愛十字架上的耶穌、渴望與祂結合為一，尤其是在心禱和感恩祭中與我們心靈的淨配親密相遇，並與祂一起呼喊：「阿爸，父啊！我渴！求你光榮你的子！」願意日復一日與祂一起成為羔羊，即奉獻給天父的愛

## 復活節的意義

的祭品，以便與耶穌一起拯救世人。度奉獻生活的人應特別追求活出十字架的智慧，即願意藉由各種考驗和痛苦來學習愛天主和我們的兄弟姐妹愛到底的智慧，因為如同聖若望保祿二世所說的，「獻身生活的宗旨……是與主耶穌的全犧牲相和及一致。」(《奉獻生活》勸諭65)

不過，在此我想特別強調的一點是，也許有人認為我們這幾天所講的部分內容是保留給某些非凡人士的高不可及的奧蹟……然而耶穌在最後晚餐中說過：「離了我，你們什麼也不能作」(《若望福音》15：5)，因此我們都很清楚，誰也不能憑自己的能力活出基督的逾越奧蹟，並求祂在我們內活出此奧蹟。所以這份恩寵不是保留給非凡人士的，而是保留給那些願意像小孩子一樣完全信賴、依靠天主的全能與仁慈的人，如同耶穌說過的：「你們若不變成如同小孩一樣，你們決不能進天國。」(《瑪竇福音》18：3) 聖保祿也告訴我們：「主對我說：『有我的恩寵為你夠了，因為我的德能在軟弱中才全顯出來。』所以我甘心情願誇耀我的軟弱，好叫基督的德能常在我身上。……我幾時軟弱，正是我有能力的時候。」(《格林多人後書》12：9－10) 我們應時常把耶穌和保祿的這些話存之於心，因為這種小孩子的精神是成聖的祕訣。由於我們都

234

## 結語

非常軟弱、容易失足跌倒，因此只有完全信賴和依靠天主的人才會希望成聖，並喜樂地堅持到底。

讓我們鼓起勇氣，振作精神，重新走上成聖的道路，天天渴望喜樂地與十字架上的基督一起活出真福八端，因為這是天主對我們的愛的旨意，是我們唯一真正的幸福，是耶穌在我們內活出的、祂自己的真福！教宗方濟各說：「你不要害怕成聖。成聖（……）會使你忠實地活出真我。（……）你不要怕設定崇高的目標，不要怕讓天主愛你和使你自由。不要害怕接受聖神的領導。聖德不會削弱人性，因為聖德是人性的軟弱與恩寵的力量相會。」（《你們要歡喜踴躍》① 32、34）願我們從現在和永遠都能夠按照耶穌對我們的最深渴望來生活：「父啊！你所賜給我的人，我願我在哪裡，他們也同我在一起，使他們享見你所賜給我的光榮，因為你在創世之前，就愛了我。公義的父啊！世界沒有認識你，我卻認識你，這些人也知道是你派遣了我。我已經將你的名宣誓給他們了，我還要宣誓，好使你愛我的愛，在他們內，我也在他們內。」（《若望福音》17：24-26）

---

1. 教宗方濟各於2018年發布的宗座勸諭，論在當代世界成聖的召叫。

國家圖書館出版品預行編目資料

復活節的意義：耶穌十字架的勝利／艾乃易著.
-- 初版, -- 臺北市：星火文化，2025.03
240面；17×23公分. --（Search；21）
ISBN 978-626-97887-6-7（平裝）

1. CST：耶穌（Jesus Christ） 2. CST：基督
3. CST：靈修
242.2　　　　　　　　　　　　　　114000833

Search 021

# 復活節的意義：耶穌十字架的勝利

| 作　　　者 | 艾乃易神父 |
| 總　編　輯 | 徐仲秋 |
| 出　　　版 | 星火文化有限公司 |
| | 台北市衡陽路 7 號 8 樓 |
| 營運統籌 | 大是文化有限公司 |

行銷、業務與網路書店總監／林裕安　　業務經理／留婉茹
專員／馬絮盈　　助理／連玉　　行銷企劃／黃于晴
美術編輯／林祐豐
讀者服務專線（02）2375-7911　分機 122
24 小時讀者服務傳真：（02）2375-6999

| 香港發行 | 豐達出版發行有限公司　Rich Publishing & Distribution Ltd |
| | 香港柴灣永泰道 70 號柴灣工業城第 2 期 1805 室 |
| | Unit 1805, Ph. 2, Chai Wan Ind City, 70 Wing Tai Rd, Chai Wan, Hong Kong |
| | 電話：21726513　　傳真：21724355 |
| | E-mail：cary@subseasy.com.hk |

| 封面設計 | Neko |
| 內頁排版 | 黃淑華 |
| 封面攝影 | 范毅舜 |
| 印　　　刷 | 韋懋實業有限公司 |

出版日期｜2025 年 3 月 初版　　　　　　　Printed in Taiwan
定　　價｜新臺幣 320 元　　　　　　（缺頁或裝訂錯誤的書，請寄回更換）
ISBN 978-626-97887-6-7

All Rights Reserved.
有著作權・翻印必究